名古屋鉄道の貨物輸送

清水武・田中義人・澤内一晃 著
写真提供：白井 昭ほか

デキ400形牽引の豊橋行き貨物列車。矢作川橋梁に向かう。◎岡崎公園前～矢作橋、1959(昭和34)年11月、撮影：白井昭

名古屋鉄道の貨物輸送
·····Contents

巻頭言

伊藤直彦

(元・日本貨物鉄道（JR貨物）社長・会長)

　2022（令和4）年10月、日本の鉄道は150年を迎える。日本交通協会が中心となって150年史を編集しているところである。

　本書は、民営鉄道としては三番目の営業キロを誇り120年の歴史を持つ中京圏における最大手の私鉄名古屋鉄道の貨物輸送に焦点を絞ってその歴史をまとめたものである。

　神奈川県立湘南高校時代の同窓生、清水武氏から、ＪＲ貨物の社長、会長を務めた私に原稿が送られてきた。彼は鉄道に対する情熱は人一倍強く、名鉄貨物輸送の貴重な記録を後世に残した。

　国鉄改革から早いもので34年、昭和39年に私は国鉄に、清水氏は名古屋鉄道に就職。不思議な縁を感じるのは私の最初の現場実習が名古屋鉄道管理局、まさに近くで鉄道生活が始まったことになる。

　名古屋鉄道は、1894（明治27）年設立の愛知馬車鉄道にさかのぼる。名古屋電気鉄道となり、その後多くの私鉄との合併を繰り返し今日の姿となった。本格的な貨物輸送は1912（大正元）年に開始し、輸送量は拡大し続け、昭和30年代は名鉄貨物の最盛期を迎える。その後、国鉄貨物衰退の影響を受け、昭和59年に廃止となる。本書の中で合併前の各線区の貨物輸送の実態について克明に分析しているのは驚嘆に値する。

　鉄道貨物輸送は、国民から見ると旅客輸送と違い個人的に利用することはほとんど無いため、その輸送構造、仕組み等は分からない。

　現在日本における鉄道貨物輸送は、上下分離方式つまりＪＲ貨物は自らの線路を持たずＪＲ旅客六社の線路を利用して北海道から九州までの輸送を行っている。JRから転換された第三セクター鉄道（旧東北本線など）もJR貨物が輸送している。

　現在でも鉄道貨物輸送を続けている私鉄は四社のみで、三重県の三岐鉄道（セメント）、岐阜県の西濃鉄道（石灰石）、埼玉県の秩父鉄道（石灰石）、岩手県の岩手開発鉄道（石灰石）だけである。その他はJR貨物が出資している各地の臨海鉄道もあり、名古屋鉄道と深い関係のある名古屋臨海鉄道もその一つである。

　民営鉄道の歴史は、明治5年官設鉄道（新橋〜横浜間）の開業以来、国の鉄道政策に大きな影響を受け今日があるといっても過言ではない。大きな国の政策変化を

まとめてみる。

　官設鉄道は明治22年に神戸までつながる。今の東海道本線である。その他の幹線は民間の手で建設が進められた。明治24年開通の日本鐵道（上野〜青森間732キロ）、明治34年開通の山陽鉄道（神戸〜下関間528キロ）、また九州、北海道では石炭輸送が中心となっていた。このような状況下、日露戦争終結後の明治39年に殖産興業、富国強兵の見地から幹線鉄道の国有化が計られ日本の鉄道は出来上がった。私鉄は、名古屋鉄道もその一つであるが、都市周辺の地域交通として活躍していく。

　私鉄の貨物輸送は連絡駅で国鉄とつながり、全国輸送が可能であった。全国の鉄道は鉄道省所管である。省線と呼ばれていた。その後第二次大戦後ＧＨＱの提言により公共企業体「日本国有鉄道」（国鉄）が誕生した。しかし国鉄の経営は、時と共に公共企業体に内在する矛盾が表面化し、労働問題、資金不足により不振を極め累積赤字は国家財政の問題となり昭和62年4月国鉄改革により、分割民営化され今日に至る。

　昭和40年代に入り高度成長の波に乗り高速道路、重要港湾等の整備が進み、物流構造も大きく変化し、鉄道貨物輸送は急速にそのシェアを落としていった。その上、昭和50年の8日間スト権ストにより多くの企業から見切りをつけられ、鉄道貨物は暗いトンネルに入ってしまった。その後、赤字の元凶ともいわれ、貨物駅の集約、貨物列車の削減、最後に昭和59年2月のダイヤ改正で、民鉄貨物輸送との連絡も不可能となる全国ヤード（操車場）を全廃した。本書でも触れているがこの間名鉄貨物輸送にもマイナスの影響を与えたことは事実である。

　国鉄改革時に鉄道貨物輸送は国鉄赤字の元凶でもあり止めるべきだ（安楽死論）とまで言われた。私自身「日本から鉄道貨物輸送をなくすことは考えられない」と主張し、自らＪＲ貨物を選択した。今日環境問題（CO_2）を含め鉄道貨物輸送が力を発揮していることは素晴らしい。

　ＪＲ貨物の再建中、清水武氏から時々励ましの便りを頂き感謝している。これを書くにあたり私自身名古屋鉄道の歴史をかなり勉強させて頂いた。貨物輸送に絞って分析された本書は貴重である。清水・田中・澤内氏はじめ関係者の皆さんご苦労様でした。

名鉄の貨物取扱駅

　1952（昭和27）年の名鉄沿線案内図に、当時の貨物取扱駅を表示。

　1951（昭和26）年下期に貨物扱いのあった駅に色を付け、貨物取扱廃止年別に色分けした。貨物扱い廃止年は、『名古屋鉄道百年史』・「各駅運輸成績表」などを参考にした。

　また、昭和18年の駅配線図に貨物側線があり、昭和26年に貨物扱いが既に廃止されていた駅には小さな緑○印を付けた。

　「各駅運輸成績表」---名鉄資料館には昭和26年下期〜昭和42年下期までの運輸成績表を保管、各駅の貨物扱トン数が記載されている

　1984（昭和59）年1月1日付で、東名古屋港駅を除いて貨物営業を全面廃止した。東名古屋港駅は名古屋臨海鉄道経由で送られてくる輸出車両などを扱ったが、翌年12月に、その貨物取扱業務を日本通運・名古屋臨海鉄道に委託し、名鉄の貨物輸送は幕を閉じた。

神宮前駅の変遷図(1961(昭和36)年の神宮前平面図(名鉄資料館所蔵)を、色分け・追記)

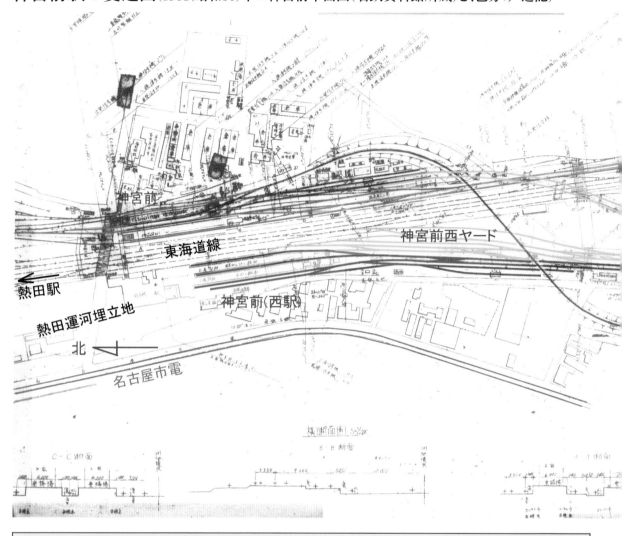

- 赤線1913(T2).8.31.に全通した常滑線(単線)
- 橙線1917(T6).3.19に、後の名古屋本線となる有松線(神宮前〜有松裏)が開通
- 青線1942(S17).7.10に神宮前西駅〜伝馬町0.6kmが複線開通
- 水色線1944(S19).9に新名古屋〜神宮前の東西連絡線が開通し、岐阜〜豊橋の線路がつながる。国鉄(省線)
  との貨車の授受が、神宮前の北西部(図左)から神宮前西駅側に移転。
- 黄緑線(右)1955(S30).12に国道1号線との立体交差化が完成。
  　　　(左)1962(S37).12に名鉄本線と東海道線を跨ぐ複線の新跨線橋完成。単線の旧跨線橋(赤線)を廃止。
黄色の帯は、熱田運河埋立地

「神宮前駅の変遷」の本文はP85〜87を参照

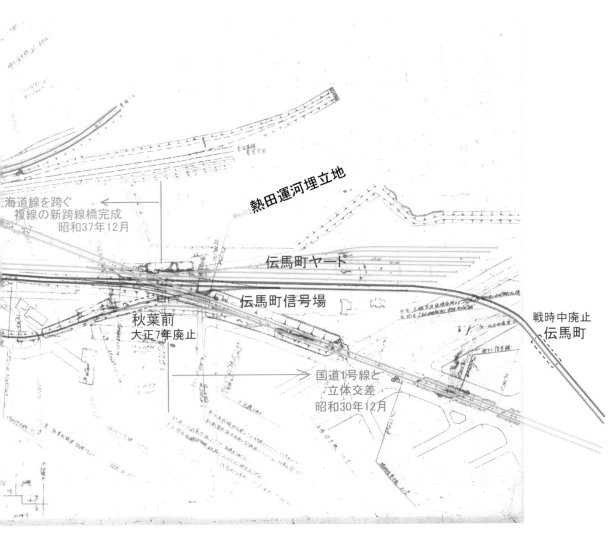

海道線を跨ぐ
複線の新跨線橋完成
昭和37年12月

熱田運河埋立地

伝馬町ヤード

伝馬町信号場

秋葉前
大正7年廃止

戦時中廃止
伝馬町

国道1号線と
立体交差
昭和30年12月

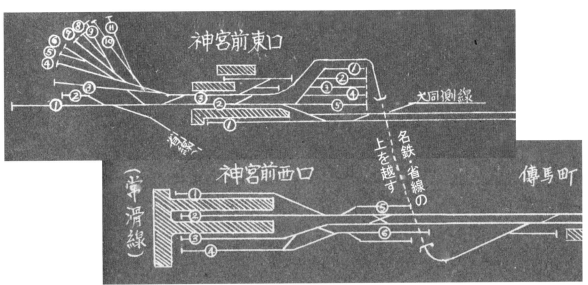

1943（昭和18）年4月の神宮前駅配線図。◎名鉄資料館所蔵

名古屋本線列車ダイヤ　1963（昭和38）年3月改正

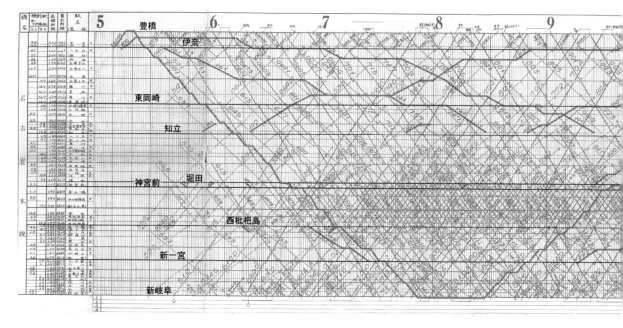

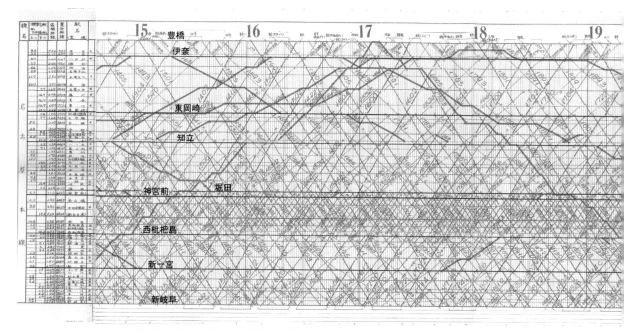

本線の貨物列車の大部分は、知立～知立信号場間を三河知立経由で運転（黄色線で表示）
荷物列車の一部も三河知立経由で運転（水色線で表示）
◎清水武　所蔵

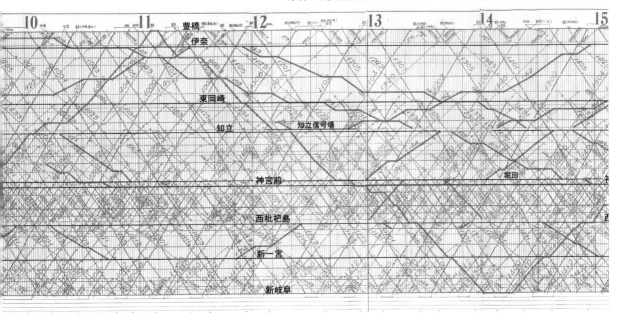

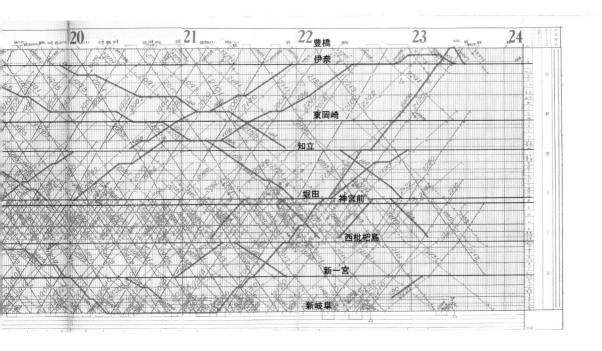

11

常滑・築港・河和線列車ダイヤ　　1963（昭和38）年3月改正

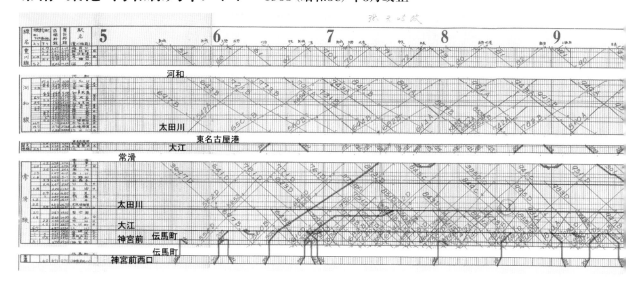

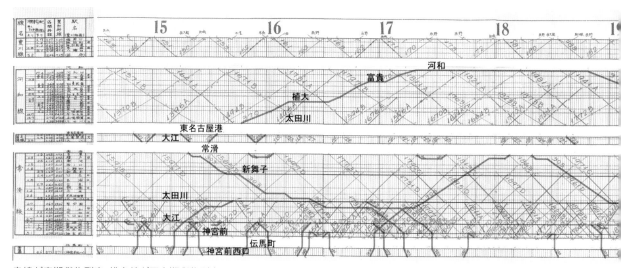

赤線が定期貨物列車、桃色線が不定期貨物列車
◎清水武　所蔵

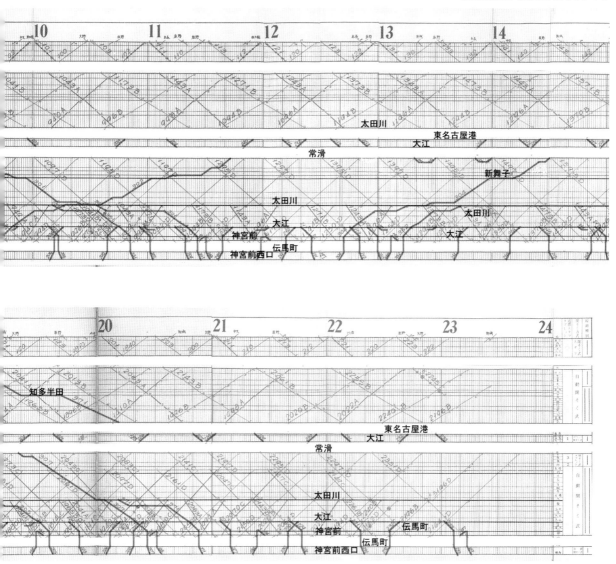

三河・挙母線列車ダイヤ　1964 (昭和39) 年12月改正

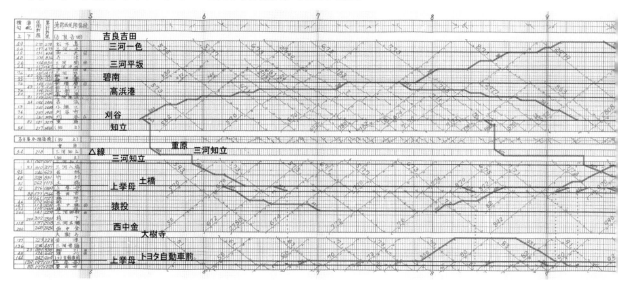

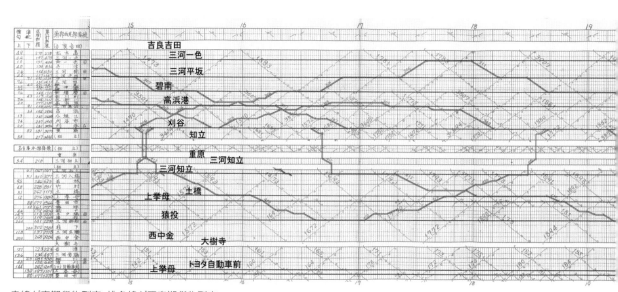

赤線が定期貨物列車、桃色線が不定期貨物列車
◎清水武　所蔵

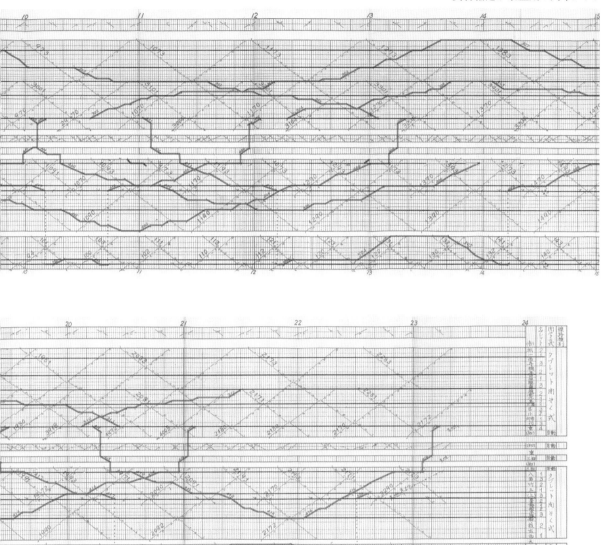

はじめに

　名古屋鉄道の貨物輸送は1984（昭和59）年1月1日に東名古屋港駅を除き全て廃止された。東名古屋港駅では、その後も名古屋臨海鉄道経由の輸出車両などを扱っていたが、その業務全てを1985（昭和60）年12月16日に日本通運・名古屋臨海鉄道へ委託し、名鉄は貨物輸送から撤退した。

　昭和30年代（1955～）には50両以上の機関車を所有し、常滑線、築港線、名古屋本線、三河線など各線に多数の貨物列車を走らせていた。しかし、昭和30年代後半からは、旅客列車の増発とスピードアップにより邪魔者扱いされるようになってきた。昭和40年代にはその傾向が更に強くなり、貨物輸送廃止に向かって動き始め、国鉄貨物輸送の衰退と変革も重なり、ついに廃止された。この背景には、昭和40年代以降の道路網の整備とトラック輸送の拡大（名鉄もトラック運輸の子会社を所有、のちに名鉄運輸株式会社となる）があった。

　貨物輸送廃止から既に35年以上経過し、名鉄が貨物輸送を行っていたことを知る人は高齢化、このままでは貨物輸送の記録は消え去る運命にある。

　名鉄の貨物輸送に関する記録はほとんど残されておらず、名鉄資料館にも資料は非常に少なく、『名古屋鉄道社史』『名古屋鉄道百年史』にも名鉄貨物輸送に関する記述はごくわずかである。名鉄OBの清水武・田中義人は、在職中には貨物輸送業務に関与したことはなく、十分な知識を有するわけではないが、資料や写真の収集に努め、私鉄の貨車や貨物輸送に詳しい澤内一晃も協力し、名鉄の貨物輸送の全貌をまとめることにした。不十分な記述や間違いもあることをお許し願いたい。

貨物輸送の概要

　名鉄の母体となったのは、名古屋電気鉄道（名電）と愛知電気鉄道（愛電）であるが、名電は1898（明治31）年に名古屋の市内電車として開業した。当初は旅客輸送だけだったが、1912（大正元）年に郡部線と称する郊外路線（一宮・犬山線）への進出と同時に貨物輸送を開始した。愛電は、その数ヶ月前（1912（明治45）年）に開業、その翌年の神宮前～常滑間全通後に貨物輸送を開始し、国鉄（官設鉄道）との貨車の直通運転も始めた。

　大正時代初期までの貨物輸送の主流は船による輸送で、荷車と荷馬車で補完していた。新しく登場した鉄道は、最新の輸送機関として貨物輸送にも活躍することになった。

　その後、鉄道網の整備と共に鉄道輸送は、旅客・貨物とも陸上輸送の中心となった。戦中、戦後は貨物が運びきれず、貨車を確保することが貨物担当者の最大の腕の見せ所だったということである。

　名鉄での貨物輸送のピークは1963（昭和38）年度であり、この時の貨物収入は670,502千円で、貨物輸送トン数は4,097千トンだった。戦後の貨物輸送量と収入は別表（P260）の通りで、1963（昭和38）年度までは増加傾向だった。転機は1965（昭和40）年で、8月に名古屋臨海鉄道が開業し、東名古屋港付近の専用線の貨物を同社へ移管し、常滑・築港線の貨物輸送が大幅に減少、同年9月には名古屋本線東部の貨物列車を大幅削減し、豊橋・神宮前（西）駅での貨車の国鉄中継を廃止、貨物輸送量は前年度の半分以下になった。

　最盛期には900両近い貨車を有し、150駅以上で車扱い貨物を営業し、一時は貨物が会社の経営を支えた時代もあり、貨物部門の従業員は意気盛んだった。現に1965（昭和40）年頃の名鉄本社の運輸部門の係長、課長クラスには貨物部門出身者が多かった。これは貨物部門の仕事は、運送規則や運賃体系が複雑で、例えば実際の輸送経路と運賃計算経路の違いなど、輸送範囲も広範囲で相手駅配線の状況を知るなど広い業務知識を求められることが多かったため、優秀な人材が配置されたことも一因だと思う。これは後に知り合った国鉄関係者や民鉄関係者にも共通することだった。

　昭和40年代から道路網が整備され、国鉄貨物輸送は衰退し、それは国鉄へ継送する名鉄貨物にも影響した。名鉄の貨物取扱駅も廃止が続き、最後に残ったのは沿線に立地した工場や地場産業の製品などの輸送であり、貨物収入は1971（昭和46）年以降は会社収入の1％を切るようになった。1984（昭和59）年2月に国鉄は操車場で中継する方式を廃止し、拠点間直行方式に切り替えた。これにより貨物取扱駅が大幅に削減され、名鉄の貨物輸送もあわせるように廃止された。

第1章
戦前（合併前）の
貨物輸送

名鉄は、最盛期には500㎞を超える営業キロを誇ったが、その路線は大小20ほどの会社の集合体である。貨物輸送に関しては、立地条件の違いもあり、当初の取り組みから会社毎に異なっていた。その最たるものが、合併後に2大グループを形成した名古屋電気鉄道（名電）と愛知電気鉄道（愛電）の姿勢である。

満員の173号が間もなく岩倉に到着。駅には電動貨車デワ1形がずらり並んでいる。右は岩倉変電所。
◎1912(大正元)年、絵葉書

（1）名古屋電気鉄道（名電）→名岐鉄道
現-犬山線・津島線・名古屋本線（枇杷島分岐点～名鉄岐阜）

　名古屋市内線から発展した名電は、当初、貨物輸送は対象ではなかったが、1912（大正元）年の郡部線（郊外線）進出を機に、郊外線用の電車38両と電動貨車を35両も製造した。電動貨車製造の狙いは、郊外線（一宮・犬山・津島線）で輸送してきた荷貨物を、名古屋市内に設けた7ヶ所の集配所へ直通して運ぶという計画だったが、市内線の貨物輸送が認められず断念したという。そのため郊外線のターミナル押切町駅に貨物ホームを設け、貨物の積み卸しを行い、そこから名古屋市内へは荷車や荷馬車で輸送した。大量に製造した電動貨車（デワ1形）は余剰となり、22両は電車や貨車に改造された。

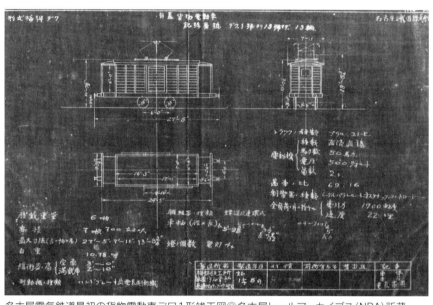

名古屋電気鉄道最初の貨物電動車デワ1形竣工図◎名古屋レールアーカイブス（NRA）所蔵

押切町駅。右端に貨物ホームがあった。昭和16年8月、新名古屋（現・名鉄名古屋）駅開業に伴い廃止された。
◎1940（昭和15）年、名鉄資料館所蔵

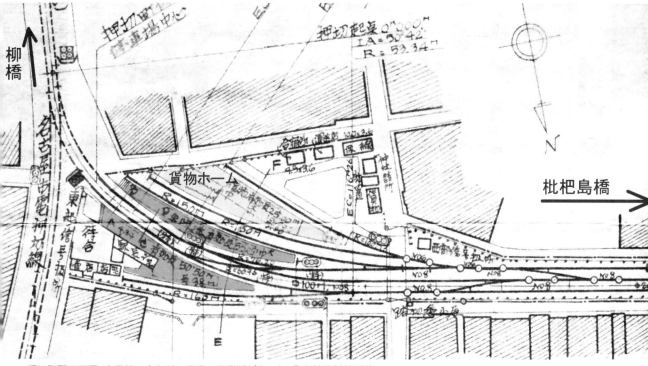

押切町駅平面図。市電線へ出た所に日通の営業所があった。◎名鉄資料館所蔵

名電は市内線を名古屋市に譲渡することになり、1921（大正10）年に（初代）名古屋鉄道（名鉄）を設立し、郊外線と郊外線用の車両（電車44両＋電動貨車13両＋貨車57両）を引き継いだ。貨物輸送は、電車や電動貨車が貨車を牽引する形で行われた。尾西鉄道合併までは国鉄（省線）との連絡駅は無く、名鉄線内だけの貨物輸送だった。

1924（大正13）年に電気機関車デキ100形2両を製造したが、中間に荷物室（兼・機器室）付きの機関車だった。その翌年には尾西鉄道を合併し、電

津島線の混合列車。連環連結器を装備したデシ500形が貨車を牽引。
◎津島線藤浪、1918（大正7）年、津島市立図書館所蔵

動貨車6両（デホワ1000形）と入換用電気機関車1両（EL1）と貨車多数が仲間入りした。1930（昭和5）年に美濃電気軌道（美濃電）を合併、電動貨車2両（デワ20形）が仲間入りし、名岐鉄道と社名を変更した。長良川の水運を置き換えた美濃電は、路面電車で省線との連絡がないので、越美南線開通後は貨物輸送が急減した。

1935（昭和10）年に名岐鉄道は愛知電気鉄道（愛電）と合併し、再び名古屋鉄道となるが、合併前には電動貨車23両（デワ1-13両、デワ20-2両、デホワ1000-6両、デホワ1500-2両）、電気機関車8両（デキ100-4両、デキ50［入換用］-3両、EL1［入換用］-1両）、蒸気機関車2両（11・12号機）が在籍し、圧倒的に電動貨車の比率が高かった。これは小口扱い貨物が多かったことを物語り、電気機関車が長い貨物列車を引くより、電動貨車が単行、または数両の貨車を牽いて走るのが一般的だったと思われる。

（2）愛知電気鉄道（愛電）
現－常滑線・名古屋本線（神宮前～豊橋）

　最初の路線として神宮前～常滑間を建設、1912（明治45）年に部分開通、翌年全通した。この時、常滑地区の土管や農産物などを運ぶために貨車を30両製造し国鉄（官設鉄道）との直通連帯運輸を開始した。当時は機関車を所有しておらず、電車で貨車を牽引した。1921（大正10）年に電動貨車（デワ350形）1両新造。電気機関車（デキ360形）を1923（大正12）年に1両、翌々年に4両（360・370形各2両）新造し、電気機関車による貨物輸送を実施した。同時にワ610形貨車を1922～24（大正11～13）年に大量増備したが、当時の愛電は豊橋に向けて延伸工事中で、資金繰りに苦労し、貨車の増備まで手が回らなかった。常滑地区の輸送対策として、利用者である常滑地区の荷主に貨車を新造させ、独特な制度として私有貨車として編入、運用した。（P245参照）

　1924（大正13）年に、大江駅から名古屋港東部の埋立地（六号地）を結ぶ築港線（大江～西六号（現・東名古屋港）間1.9km）が開通し、新たな埋立地の工業化のため貨物輸送に重要な役割を果たした。1937（昭和12）年には六号地に三菱航空機の工場が開設され、築港線は1939（昭和14）年に複線化された。その後も臨港埋立地（6～9号地）に、石油基地や工場の立地、拡充が進み、愛知県も新たな埋め立て地に県有貨物線を建設するなど、工場誘致に力を入れた。それにより神宮前～東名古屋港間は貨物輸送の幹線になった。

　豊橋方面は、1927（昭和2）年の豊橋延伸時に、豊川鉄道の吉田駅に乗り入れたが、その際、吉田駅構内の改良と、その手前に豊橋（船町）ヤードを整備し、国鉄への貨車継送基地とした。この時豊川鉄道に辣腕専務が居られ、構内改良にも注文が付き、費用負担も結構なもので同時に実施した電化も鳳来寺鉄道の区間（三河川合）まで便乗実施させられたと聞いたことがある。

　愛電は、貨物輸送を積極的に行い、名鉄合併前には、電気機関車14両（デキ360-3両、デキ370-9両、デキ400-2両）と電動貨車1両（デワ350）と貨車を多数所有し、電気機関車が長い貨物列車を牽引した。

開業時の常滑駅構内。所狭しと土管類が積まれている。◎1927（昭和2）年頃、名鉄資料館所蔵

聚楽園大仏の下を行く混合列車。◎聚楽園、1928（昭和3）年頃、名鉄資料館所蔵

開業時の西六号駅（後の東名古屋港駅）◎1927（昭和2）年頃、名鉄資料館所蔵

（3）尾西鉄道　現−尾西線

　尾西鉄道は、関西鉄道のルートから外れた津島地区が名古屋への短絡を図るためと、一宮・津島を中心とする尾西地方の繊維産業事業者が四日市港で陸揚げした綿花や羊毛などの原料、石炭など燃料の輸送の便を図り計画したもので、名鉄の営業路線の中で最も古い路線である。（当時、四日市港はこの地方の最大の港で、名古屋港はまだ出来ていなかった）

　1898（明治31）年4月に弥富〜津島間で開業。開業後しばらくは、蒸気機関車2両、客車12両、貨車14両で運行された。その後、路線の延伸に伴い、機関車、客車、貨車を増備したが、客車よりも貨車のほうが多い状況は名鉄へ合併されるまで続き、貨物輸送を重視していたことがわかる。尾西鉄道時代の貨物の発着は津島と新一宮（現・名鉄一宮）が多かったが、このルートが四日市と一宮との短絡ルートであることを物語る。この発想の延長か、後年一宮市出身の土川名鉄社長が気動車による「たかやま号」を構想した際、四日市市から尾西線経由で一宮市を結ぶ案も提唱したという。

　尾西鉄道の貨物輸送量は、明治末に年間6万tを超えてから横這いで推移したが、1918（大正7）年に木曽川港へ延伸後10万tを超えた。当時は木曽川の水運も盛んで、河港としては上流の犬山等とも結び伊勢湾まで繋がる港として栄えていた。尾西鉄道も木曽川港から犬山までの航路を経営した。また、木曽川橋付近で取れる玉石や砂利などを輸送した。玉石と言えばこの周辺の名鉄駅のホーム擁壁の古い部分にはこの玉石積がみられる。

　1914（大正3）年に開通した名電の津島線により、旅客輸送は大きな打撃を受けたが、貨物輸送は弥富と新一宮で国鉄に接続しているため影響を受けなかった。沿線は農業地帯でもあり、六輪などの幾つかの駅には農業倉庫も設けられていた。

　なお、開業以来、蒸気機関車で旅客・貨物を輸送したが、1922（大正11）年から翌年にかけて全線電化し、貨物輸送用には電動貨車を導入した。1925（大正14）年に名鉄へ合併されたが、合併時、路線長40.1km、電車15両、蒸気機関車5両、電動貨車6両（デホワ1000）、電気機関車1両（EL1）、貨車97両が名鉄へ引き継がれた。貨物輸送の比率が高かったことが、車両数からわかる。

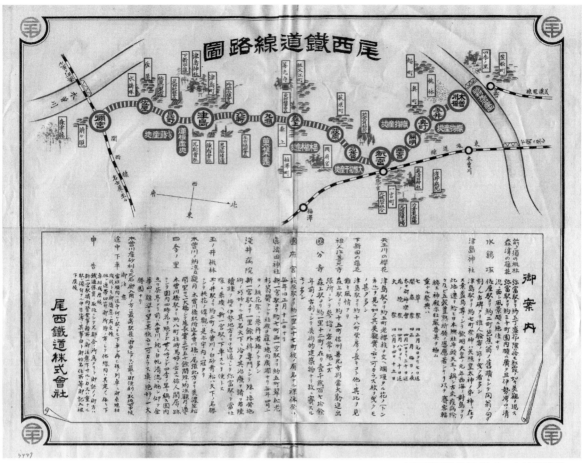

尾西鉄道路線図（弥富〜木曽川港間）。
沿線の産物や名所を記載。
◎1916（大正5）年頃、名鉄資料館所蔵

尾西鉄道森上駅。
機関車は尾西1号機。
◎明治時代、名鉄資料館所蔵

木曽川港駅

尾西線の北端・玉ノ井駅の先の木曽川沿いに、かつて木曽川港貨物駅があった。

尾西鉄道は1914（大正3）年8月4日に新一宮（現・名鉄一宮）〜木曽川橋間を延伸開通。道路橋の木曽川橋を渡り、対岸の笠松から美濃電気軌道で岐阜へのルートが出来た。両社は後に合併され、名岐鉄道となるが、1935（昭和10）年に新一宮〜笠松間の名岐線が開通するまでは、木曽川橋経由が名岐鉄道の名岐連絡ルートで木曽川橋は重要な駅だった。

1918（大正7）年4月に木曽川橋駅から木曽川沿いまで0.9km貨物線を延長し、木曽川港（貨物）駅が開業した。当時はまだ鉄道・道路が未発達で、船を使った水運が盛んだったので、木曽川を使った石材輸送などの水運との連絡を主目的に建設した。尾西鐵道線路図には、木曽川産の砂利及び丸石を販売という宣伝があり、木曽川橋の上流で砂利と丸石を産出とも記載されているなど、その輸送も

行った。EL1は当駅の入換用として購入されたものであった。このELは後年、対岸の竹鼻線でも活躍した。

新一宮〜木曽川港は1922（大正11）年7月に電化、1925（大正14）年8月に尾西鐵道は名鉄へ吸収合併。戦時中の1944（昭和19）年3月に奥町〜木曽川港が不要不急路線に指定されて休止、奥町〜玉ノ井間は戦後復活したが、玉ノ井〜木曽川港間はそのまま廃止された。

1940（昭和15）年の尾西線のダイヤでは、木曽川橋〜木曽川港間に7往復の不定期貨物列車が設定されていた。なお、新一宮〜木曽川橋間には3往復の定期貨物列車が設定されていた。

田中三郎『木曽川風物紀要ー河畔の里きたがたー』同氏（1996）P10によれば

「尾西鐵道が敷設され、大正7年（1918）5月貨物専用の木曽川港駅が出来てからは、玉石、砂利、砂が貨車に積み替えられる量が多くなった。船から貨車に積み込むには、

木曽川港付近の廃線跡。◎国土地理院空中写真1948（昭和23）年3月撮影に追記

尾西鉄道木曽川橋駅。大正初期の開業間もない頃と思われる。名岐連絡ルートだったので立派な駅舎があった。右端に12号（明治村で動態保存）。その右方向が木曽川港。◎名鉄資料館所蔵

玉石や砂利10貫目（37.5kg）ぐらいをモッコに入れ、天秤棒で担いで、笹が繁茂する細い急勾配の坂道を上がらなければならなかったが、後には河畔までトロッコが敷設されて、上げられるようになった。後年駅構内にバラスを作る砕石設備が設けられ、ぐり石が砕石され、貨車に自動的に積み込まれるようになった。このバラスは名鉄各線や新線敷設の必需品となってあちこちに運ばれていった。しかし戦時下の昭和19（1944）年3月、レールを軍需路線へ転用するため奥町〜木曽川港間が営業休止、復活することなくそのまま廃止された。」とある。

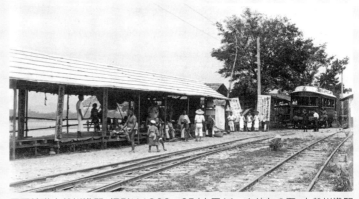

尾西鉄道木曽川港駅。撮影は1922〜25（大正11〜14）年の夏。木曽川港駅は貨物駅だったが、水泳客用に尾西鉄道が無料休憩所を設置し、100形電車が乗り入れたことが分かる。◎津島市立図書館所蔵

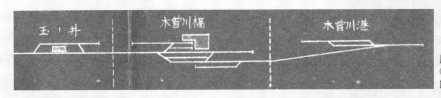

尾西線玉ノ井〜木曽川港の配線図
◎1943（昭和18）年4月、名鉄資料館所蔵

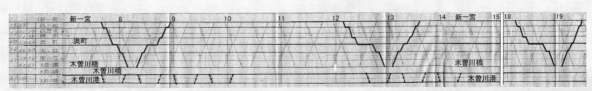

「昭和15年尾西線列車運行図表」（貨物列車運行時間帯のみ表示）
定期貨物列車を太線、不定期貨物列車を太点線で表示。列車ダイヤを見ると、新一宮以北の尾西線では、西一宮、開明、奥町、玉ノ井、木曽川橋、木曽川港で貨物を扱っていたことが分かる。◎名鉄資料館所蔵

（4）三河鉄道　現−三河線・蒲郡線

　1914（大正3）年に刈谷新（現・刈谷）
〜大浜港（現・碧南）で開業した三河鉄道
は、蒸気機関車と客車・貨車による輸送
で、当初から貨物輸送のウエイトが大き
かった。沿線の高浜・碧南周辺は三州瓦
などの陶製品の製造が盛んで、これらを
刈谷経由で全国へ運んだ。

　その後、知立延伸と同時に大浜口、新
川口の臨港線を開設するなど貨物輸送
に賭ける意図がうかがわれる。知立以北
へも線路を延ばし、山線と呼ばれる挙母
（現・豊田市）、猿投方面へ延伸した。山
線が開通すると、珪砂、粘土、砂利採取
など多くの駅で側線が敷設された。平
戸橋駅へはトロッコ線も設置されるな
ど、海線の窯業地帯への原料や愛電の延
伸工事用の砂利なども輸送された。1924
（大正13）年から翌年にかけワム500形・
トム800形を各100両製造した。実施に当
り、鉄道省から経常状態に比して妥当か
否か問題視された。当時の一日平均貨車
使用数は有蓋車30両、無蓋車34両、鉄道
省からの迎車7両の計71両とされた。審
査の結果は「殊に本鉄道沿線の産物は全
国的の需要品にして（磨き砂を大部分と
する）一度社線を出ればこれが回送を見
るには数日を要すべく随って比較的多

三河鉄道高浜港駅。無蓋車が多数留置されている。
◎大正末期、名鉄資料館所蔵

三河鉄道刈谷町駅（現・刈谷市駅）に停車する列車。後部に客車を連結。機関車
は借入中の鉄道院170。◎1914（大正3）年。

数の貨車を擁すべし。依って会社は出来得る限り自給自足主義に則り本件を企図せしものなり」（鉄道省文書）
として容認した。1926（大正15）年2月には大浜口〜猿投間を電化、電気機関車を導入し貨物輸送の増加に対
応した。電化は愛電線の昇圧を見て1500Vで実施し、機関車もデキ300形を最終的に6両そろえた。

　電化後の1927（昭和2）年には貨物輸送量は30万tを突破した。その後も岡崎電気軌道の買収、山線、海線
の延伸を続け1928（昭和3）年1月に三河吉田（現・吉良吉田）〜西中金間が全通した。この年6月には愛電と
の知立連絡線0.8kmが完成し貨物列車の相互乗り入れを開始した。三河吉田（現・吉良吉田）〜蒲郡間（現・蒲郡
線）は1936（昭和11）年開通で、三河鉄道として最後の路線延長となった。しかし沿線には目立った産業や工
場立地はなく貨物輸送量は多くなかった。

　対欧州との長波無線通信が可能となる依佐美送信所を建設するため1927（昭和2）年に小垣江駅から送信
所まで約2.4kmの専用線が設けられ、建設資材輸送を行ったが、2年後の送信所完成時に専用線は撤去された。

　上挙母から分岐した岡崎線（後に挙母線と改称）は1929（昭和4）年12月に三河岩脇まで開通し、合併した
岡崎電軌とつなぎ、挙母（現・豊田市）と岡崎が線路で結ばれたが、当初は貨物が少なかった。岡崎（挙母）線で
の貨物輸送が本格化するのは1934（昭和9）年3月に大樹寺から日本レイヨンへの専用線が開設されたことで、
タンク車を主体とした輸送が急増した。さらに1938（昭和13）年にはトヨタ自動車工業（当時は豊田自動織機
製作所）が沿線に自動車工場（後の本社工場）を新設、三河鉄道も工場に隣接して三河豊田駅（後にトヨタ自動
車前と改称）と工場への引込線を新設した。トヨタの生産用設備や資材輸送に貨物列車が活躍した。

依佐美無線塔の近くを走る
三河線3700系。高さ250m
の鉄塔8基は1997（平成9）
年に解体された。
◎小垣江～刈谷市
1959（昭和34）年2月
名鉄資料館所蔵

　昭和初期には年間30万tを数えた輸送量も、昭和恐慌の影響で1930（昭和5）年から急減し、折角新造した貨車も裏目に出て、15t積貨車を減載改造する羽目になった。ところが1937（昭和12）年に準戦時体制となると輸送量も回復し、減載改造も元に戻された。1939（昭和14）年には三州瓦の産地高浜地区でも貨車確保のため常滑地区に倣い貨車の私有制度が生まれている（P246参照）。

　1941（昭和16）年、戦時統合により名古屋鉄道と合併、合併時の営業キロは99.9kmの大私鉄で、貨物関係では蒸気機関車1両、電気機関車6両、電動貨車2両（岡崎市内線用）、貨車多数が名鉄へ引き継がれた。

三河鉄道と神谷伝兵衛

　三河鉄道は1914（大正3）年に開業したが、車両については鉄道院から借用した蒸気機関車2両をはじめ、客車、貨車まで中古品（借入も含む）を揃えた苦しい開業となった。機関車は1914（大正3）年に120形120、122を購入し、170は返却した。しかし経営難が続き、1916（大正5）年4月5日に役員全員が辞任し神谷伝兵衛が社長に就任し再建に着手した。神谷は地元・松木島出身の実業家で、浅草の神谷バー（洋酒）やシャトーカミヤ（ワイン醸造所）の創設者。神谷社長は就任後、山線を延長し主要都市である挙母（現・豊田市）を結び、矢作川水運との結節を図る越戸への延長により輸送量も増加させようと75万円増資した。このほか山線（猿投村～足助間）と海線（大浜町～蒲郡間）の延長を企画し免許申請を行なった。1920（大正9）年に挙母まで延長したときには輸送量12.6万tを記録し

た。その頃、蒸気機関車の保有は7両を数えたが、「沿線に於ける産業の振興に伴い貨客の輸送著しく増加し従来の蒸汽動力にては此等の激増せる数量に対し輸送困難の状態」（鉄道省文書）として電化を計画。しかし、電化を見ることなく1922（大正11）年4月に死去する。そして三河鉄道は中興の祖である神谷を記念し、1926年に松木島に設置した新駅を神谷と名付け、その労に報いた。

　余談だが東京で有名な鰻の「竹葉亭」のオーナー、別府一族は、初代の金七が三河鉄道中興の祖といわれる神谷社長と同郷で、神谷が苦境にあった三河鉄道の社長に就任した際は、増資のため自ら奔走し、地元のほか東京地区でも多くの株主を集めた。竹葉亭の三代目、別府哲二郎も一族で1618株を持ち、神谷社長に次ぐ第2位の株主（1923／大正12年5月現在）であったこともある。

三河線松木島駅。神谷社長の出身地だったので、開業時は神谷駅と命名され、立派な駅舎が設けられた。廃線前の1978（昭和53）年老朽化により取り壊された。
◎1959（昭和34）年、名鉄資料館所蔵。

松木島駅構内。貨車も見える。
◎1961（昭和36）年、名鉄資料館所蔵。

（5）瀬戸電気鉄道　現−瀬戸線

　瀬戸は、地場産業である窯業産品を名古屋のみならず、全国へ発送する輸送手段を確保するため国鉄中央本線の誘致運動を進めたが実現しなかった。そのため瀬戸と大曽根の有力者により鉄道会社が設立され、1905（明治38）年4月に瀬戸〜矢田間14.9kmで開業し、翌年大曽根まで延伸した。その際採用した「セルポレー式」蒸気動車の調子が良くなく、社名を瀬戸自動鉄道から瀬戸電気鉄道（瀬戸電）に変更し、1907（明治40）年3月に大曽根〜瀬戸間を電化した。

　さらに名古屋城の外堀を利用して路線を伸ばし1911（明治44）年に堀川端に位置する堀川駅まで建設し、名古屋港につながる堀川（運河）を介し水運とも結んだ。当時の物流の主流だった水運と連絡し、瀬戸電の貨物輸送は活況を呈した。当初は電車で貨車を牽引したが、1920（大正9）年にはテ3，4の電装品を流用しデワ1形2両（1，2）を製造し、貨物輸送に充当した。（デワ1形の晩年は尾張横山、尾張瀬戸の貨車入換用に使用）。さらに1927（昭和2）年には本格的な輸送力強化のため、軌道強化を図りドイツ製レール（GHH）を導入し、日本車両で本格的な電気機関車デキ1形2両（1，2-名鉄合併後はデキ200形）を新造した。その頃になると鉄道網が発達し、一方で河川水運が衰退し始めたので、瀬戸電の貨物は大曽根から国鉄中継が主流になった。昭和初期の輸送品目は石炭、陶磁器、石粉、原土、薪の5品目で全体の3/4の輸送量だった。製品より燃料（石炭・薪）の輸送が多かった。

　1939（昭和14）年9月に名古屋鉄道（2代目）と合併し、名鉄瀬戸線となった。

参考資料
伊藤正「瀬戸電気鉄道小史」
『瀬戸市歴史民俗資料館研究紀要』
XII（1995）

瀬戸電鉄堀川駅付近。堀川駅は写真の右手にあり、水運との貨物の積み替えで賑わった。
◎大正時代、名鉄資料館所蔵

瀬戸電鉄尾張瀬戸駅構内。瀬戸焼の燃料の石炭が貨車で到着。◎大正時代、名鉄資料館所蔵

第2章

戦中・戦後の
貨物輸送エピソード
白井昭の貨物メモ

白井昭氏は1927 (昭和2) 年生まれで、戦時中に青春時代を過ごし、終戦時は18歳だった。1948 (昭和23) 年に名鉄へ入社。車両・運転関係を歴任、パノラマカー導入にも携わった。1969 (昭和44) 年に大井川鉄道へ出向し、SLの動態保存を始めた。鉄道フアンとしても著名である。

友人のJ.WALLY.HIGGINS(カラー写真で有名)氏と並んだ白井昭氏(当時35歳)。背景は犬山ラインパークに展示された蒸気動車6401と岡崎市内線47。◎1962(昭和37)年12月

（1）美合の飛行機部品の貨物輸送

戦時中に美合の日清紡績は軍需工場化され、三菱重工の協力工場となり、四式重爆撃機の尾翼を製造した。

1944（昭和19）年の３月頃から省線（国鉄）稲沢機関区のC58が神宮前〜美合間に乗り入れて、貨物輸送を行った。軍からは最優先で走らせるよう命令があり、旅客列車が運休しても、この貨物だけは最優先で走らせた。神宮前からC58牽引で貨車に材料を乗せて美合へ輸送。美合で折り返してバック運転で引込線を日清紡の工場まで輸送。完成した飛行機（部品）を工場から美合へ運び出し、美合から神宮前へ戻る列車はC58のバック運転だった。夕方に走行したので、有松〜神宮前のカーブ区間では冬場は暗くなり、前が全く見えず、汽笛を鳴らし放しにして走ったということである。

この貨物は、神宮前から熱田で国鉄へ継送、大府へ輸送され、大府飛行場で最終組立を行い、四式重爆撃機「飛龍」として大府飛行場から飛び立った。

美合付近の地図。
◎国土地理院1/5万地形図－岡崎－昭和32年3月発行に加筆

美合付近を走るパノラマカー。左へ別れる線路が日清紡績引込線。◎1965（昭和40）年8月。撮影：白井昭

（2）清洲飛行場（地元では甚目寺飛行場とも呼ばれた）

　戦争末期の1944（昭和19）年10月に完成した陸軍の飛行場。米軍爆撃機B-29を迎撃するために建設された飛行場で二式複座戦闘機「屠龍」などが配備されたが、1年足らずで終戦になり役目を終えた。

　甚目寺町（現あま市）と清洲町（現清須市）にまたがって建設され、用地の大部分は甚目寺町だったが、清洲の方が全国的に有名だったためか清洲飛行場という名前になった。飛行場跡地は農地に戻されたが、現在は五条高校などがある。

　飛行場の建設は、1944（昭和19）年3月から始まり、半年で完成させた。飛行場建設用土砂輸送のため、津島線甚目寺駅北側に貨物側線を作り、大量の土砂をデキと無蓋車で輸送した。佐屋駅の砂山側線などから土砂を運んだといわれる。（尾西線玉ノ井〜木曽川港間は1944（昭和19）年3月に休止されたので、木曽川港からは土砂を運べなかった）。甚目寺駅から飛行場まではトロッコ線路を敷き、手押しトロッコで土砂を輸送した。地元あま市教育委員会が編集した『甚目寺飛行場（改訂版）』（2020.8）によれば、小学校高学年や中学生などを動員した突貫工事だった。

　この輸送用に作られた甚目寺駅の貨物側線は、後に高山線乗入れ気動車「たかやま号」（後に北アルプス号）の給油基地になった。

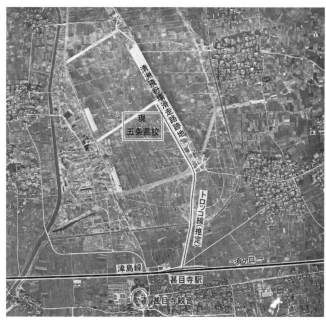

甚目寺付近（清洲飛行場跡）の空中写真。
◎国土地理院空中写真1946（昭和21）年5月。米軍撮影写真に加筆

甚目寺駅北側の貨物側線。ここが飛行場建設時の土砂輸送中継基地になった。この当時は廃車車両の留置に使われていた。
◎1963（昭和38）年8月。撮影：白井昭

（3）明治飛行場（海軍明治航空隊）

　海軍が1943（昭和18）年に碧海郡明治村（現安城市）に航空基地の建設を開始、近隣の学校生徒を動員した突貫工事で1944（昭和19）年5月に完成。操縦士の錬成訓練を行ったが、すぐにB-29迎撃用に使われ「月光」などが配備された。戦後は大部分が耕作地に戻された。

　飛行場建設用の土砂は、蒲郡線東幡豆から西尾線米津まで名鉄線20.1kmを省（国鉄）の稲沢機関区6250形SLと無蓋車で輸送した（東幡豆～三河鳥羽間は非電化だった）。土砂輸送の貨物列車は1943（昭和18）年夏から約半年間毎日運転され、SLが洗缶の時は稲沢に帰ったが、代機も6250形が入線した。東幡豆駅には石材積込用の臨時側線と木造水槽（SL給水用）が作られ、駅まで石材を運んだ幡豆石材軌道（トロッコ）と直角に立体交差していた。米津駅の西に広場が作られ、土砂はここから飛行場まで約3kmをトロッコで運ばれた。名鉄OB澤田幸雄氏（西尾市在住・当時中学生）はトロッコ押しに動員された。

　東幡豆の設備は戦後まで残ったが、米津～飛行場のトロッコ軌道は撤去され、米津駅に集積されていたのを見た。

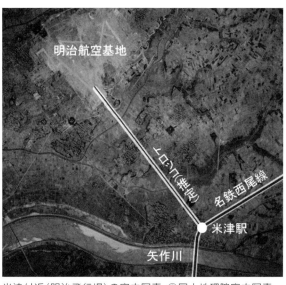

米津付近（明治飛行場）の空中写真。◎国土地理院空中写真1945（昭和20）年4月。陸軍撮影に加筆

明治飛行場建設時の土砂輸送ルート（東幡豆→米津間の輸送ルートを記入）。
◎国土地理院1/20万－豊橋－昭和42年6月発行に加筆

（4）市民の命を救ったSLイモ列車

　1946（昭和21）年、日本中が飢餓に苦しんだ。渥美線（当時名鉄）沿線にあった広大な演習場、飛行場などは全てサツマイモ畑になり、収穫の秋には渥美線に国鉄（省線）6250形SLが乗入れ、毎日イモ満載のト、トムを牽き、豊橋、名古屋の市民の命を救った。この6250形ネルソンは戦時中に明治飛行場建設のために、幡豆石を東幡豆～米津間を輸送した機関車と同系。

（5）貨物部門の動向

　名鉄では戦前、戦後を通じて貨物収入が大きく、運賃計算等が複雑なことから、貨物に従事する人は、優秀な人材を配置し、旅客輸送関係者よりも大きな力を持っていた。貨物は国の経済の源であるとして、旅客部

門は何かと遠慮していた。戦後、貨物はさばけないほど大量にあった。

　戦後の1950〜65（昭和25〜40）年は、日本の復興に伴い、名鉄の貨物輸送も最盛期を迎え、沿線の荷主は自身で国鉄払い下げの貨車を大量に買い入れて名鉄に車籍編入するほどであった。1955（昭和30）年頃より当時の名鉄幹部はアメリカに学んで、貨物は名鉄運輸のトラックへ、旅客は特急電車10分毎運転との方針を立てた。しかし、現実には高速道路はなく、国道1号も貧弱で鉄道貨物の代わりはできず、駅の貨物用配線も荷主の力（特に三河線の地元パワーは強大）でどんどん拡充した。旧豊橋線（東部線）、常滑線では15両編成の貨物列車が次々と走り、三河線も重量貨物になるとデキ300形では力不足で、デキ600形が応援することもあった。名鉄自体も1962（昭和37）年には、ハワイアンブルーに塗ったワム6000形貨車を新造したが、結局、国鉄貨物の衰退により名鉄貨物は全廃となった。

（6）電信に頼った鉄道貨物

　貨物輸送は鉄道電報を頼りに動いたため、国鉄や貨物を扱う私鉄では、貨物を扱う職員に、まずモールス符号の暗記を教えた。かつての名鉄OB会では、必ず暗記の合唱が始まった。電略記号は便利なため、ウヤ（運休）、トケ（取り消し）、レケ（連結）、ウナ（至急）など、今も鉄道用語として使われている。電信の遅い人は、本当の貨物屋ではないと言われた。

（7）「カッポレ」と呼ばれた操車係

　「かっぽれ」は、宴会などで歌にあわせて踊る滑稽な踊りのことで昭和30年代頃まで流行した。入換中の突放貨車に、地下足袋にゲートル姿で飛び乗ったり、飛び降りたりする操車係の職人技が「かっぽれ」踊りに似ていたことから、名鉄だけでなく鉄道業界では操車係のことを「かっぽれ」と呼んだ。今からすれば危険作業であるが、鳶職と同様に、仕事に誇りを持っていて怪我をしないことを自慢にしていた。そのOBの集まり「名鉄カッポレ会」には、東名古屋港、西枇杷島、三柿野等の操車係が集まり、貨車入換の話に花が咲いた。逆突放入換*を行っていた猛者もいたが、今やそれも高齢化し昔話となった。
　（注）：突放入換は機関車が貨車を推進し、走行中に連結器を切り放し、機関車はブレーキをかけ、突き放された貨車の車側で操車係がブレーキを操作し停車させる。逆突放入換は「引き逃げ」とも言われ、機関車が貨車を牽引し、ブレーキをかけた後、連結器を切り放し、機関車は加速して逃げる。貨車はゆっくり走行して

伝馬町ヤードで貨車の突放入換。貨車の車側に乗った操車係はカッポレと呼ばれた。
◎1956（昭和31）年-国道1号との立体交差化直後。名鉄資料館所蔵

いるので、その間に分岐器を切換えて、貨車を別の側線に入れて操車係が車側ブレーキを操作して停める。
突放に比べ緊密な連携が必要となる、かなり高度な入換でタイミングが悪いと脱線する。後年は禁止行為とされた。

神宮前西ヤードで、国鉄C58形SLと名鉄のデキが貨車の受け渡しの入換をする。向こう側が伝馬町ヤード。
◎1957（昭和32）年6月。撮影：白井昭

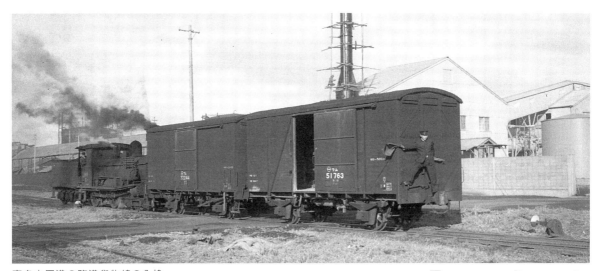

東名古屋港の臨港貨物線の入換
風景。当時の車側制動機は片サイ
ドにしかなく、位置によっては連結
器の上での入換作業を迫られた。
◎7号地
1958（昭和33）年12月。
撮影：白井昭

このような危険な作業を防止するた
め、貨車の車側制動機と足掛けのある
側の台枠端梁に白線2本を表示し、操
車係に見えるようにした。
◎貨車ワ156、1966（昭和41）年4月
撮影：白井昭

（8）フライキ

　昔、船の大漁旗・信号旗を「フライキ」といったが、鉄道でも赤・緑の手旗をフライキと呼んだ。私鉄でも昭和30年代まで手旗のことをフライキと呼んでいたが、フライキの語源は不明である。今はフライキという言葉を知らない人が多い。この旗（夜間は合図灯）の振り分けで「来たれ」「去れ」「突放」「連結」など、また数多い番線の表示も表現した。構内無線のない時代は、操車場などの貨物扱い現場で見られた姿である。

信号旗（フライキ）で機関車（DED8500形）へ入換合図を送る。◎7号地、1959（昭和34）年頃。撮影：清水武

貨車の夜間入換。信号旗の代わりに合図灯で合図を送る。貨物輸送最盛期は夜間も入換を行った。
◎堀田、1958（昭和33）年頃、名鉄資料館所蔵

（9）換算両数

　列車編成上、重要なものに換算両数が存在する。すべての鉄道車両には重量10ｔ＝換算１両とする換算両数が決められているが、特に貨車は空車と積車で重量が大幅に異なるため、列車編成において実際の両数以上に、換算両数が重要となる。

　例えば貨車の自重が10tで積荷が15tの場合、空車＝換算1.0両、積車＝2.5両となる。（実際の15t積ワム車の標記は空-1.0、積-2.0だった）。線区ごとに牽引定数が定められているが、東海道本線では長らく現車60両・換算100両であり、どちらかの基準に達した時点で貨物列車の編成限度に至る。

　名鉄線では現車15両、換算25 ～ 30両（250 ～ 300トン）ぐらいが限度であった。これは線区の勾配と機関車の性能による部分が大きく、最盛期は出力の大きいデキ400 ～ 600形は「大デキ」、それ以外を「小デキ」として運用を区別していた。最盛期の神宮前（西）駅には、15両300ｔの定数いっぱいの貨車を連結した貨物列車が、常滑線・築港線に向けて毎時１～２本出発した。

ワム6000形の換算両数標記。
◎ワム6000形新造時の試運転
1962（昭和37）年8月
撮影：白井昭

デキ401が、15両300tの定数いっぱいの貨車を連結し出発待ち。◎神宮前西、1958（昭和33）年12月、撮影：白井昭

（10）名鉄の混合列車のブレーキ

　支線では貨物扱量が少なかったので、旅客列車に貨車を連結した混合列車を走らせ貨車を輸送した。600V電車はSME（非常直通空気）ブレーキが多く、貨車の自動空気ブレーキと方式が異なり、混合列車では貫通ブレーキが使用できなかった。（電車だけにブレーキが掛かり、貨車はノーブレーキ）

　混合列車が多かったのは、広見線、揖斐線、竹鼻線、一宮線、蒲郡線、平坂支線などだった。貨車はワ（有蓋車）1両が多かったが、広見線ではトキ15000形（無蓋車）も牽いた。

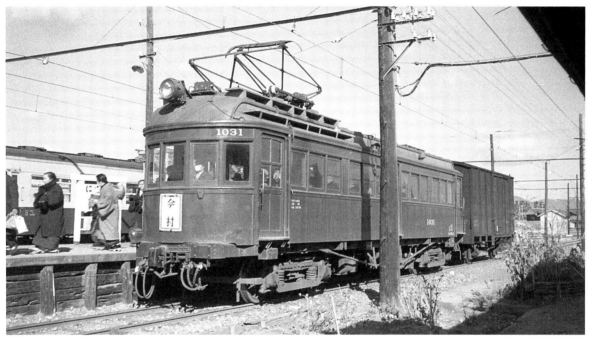

西浦駅に到着したモ1031牽引の蒲郡線混合列車。◎1955（昭和30）年12月、撮影：白井昭

（11）広見線の亜炭電車

　広見線の伏見口（現・明智）〜御嵩間には亜炭鉱が多くあり、1950〜55（昭和25〜30）年頃に全盛を迎えた。貨物列車では足りず、モ700形の客扱い電車でも亜炭満載のトキ15000形を牽いた。電車と貨車の空気ブレーキの方式が異なり、ブレーキが非貫通のため、ブレーキがかかるのは電車（25t）だけで、駅停車の際、後ろからノーブレーキの貨車（積車トキは35t）に押され、電車がホーム定位置に停まらず、ダイヤが乱れることが多かった。

新広見（現・新可児）に到着した亜炭輸送列車。デキ250形が、御嵩口から亜炭を載せた無蓋車を牽引し到着。この駅で国鉄へ継送する。◎1957（昭和32）年1月、撮影：白井昭

(12) 三河一色のウナギ駅

三河線は瓦の出荷などで旅客より貨物荷主の力が強く、戦後は瓦組合が国鉄から大量の中古無蓋車（空制付のト330形）を名鉄の私有車として買い入れた。1964（昭和39）年になって三河一色の西三河養殖漁協（現 一色うなぎ漁協）からウナギの発送用に線増を求められ、名鉄はトラック輸送を主張したものの、異例な措置として広い構内と側線、ウナギ倉庫が生まれた。今は碧南〜吉良吉田間が廃線となり、三河一色駅も廃止されたが、広い構内跡はそのまま残っている。

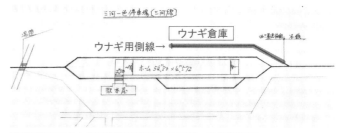

昭和39年にウナギ用側線を新設した三河一色駅配線図。
◎1967（昭和42）年1月、名鉄資料館所蔵

(13) 東岡崎の柿事件

昭和20年代、長野電鉄から国鉄を経由して東岡崎に「柿」を満載した貨車が到着した。しかし、担当者間の連絡の不徹底により、荷下ろしせずに放置され柿は全部腐ってしまった。名鉄は荷主に多額の弁償金を払った。それ以来、教習所で貨物担当者を教育する際には必ずこの話をしていた。

国鉄でも鹿児島本線の「川内（せんだい）」駅と東北本線の「仙台」駅を錯誤し、冬場に備え「ミツバチ」を暖地の川内に送るのを間違え、仙台に送り死なせてしまったとの話が、後々まで貨物教材になったという。

(番外編) 戦時中の名鉄の糞尿輸送

戦時中には、肥料になる糞尿を都市から農村へ輸送するため堀田駅と西枇杷島駅構内に中間貯留槽を作り、そこから農村地域に立地する本線の今村（現・新安城）、国府宮、犬山線の布袋、三河線の猿投、渥美線大清水、黒川原など貯溜槽のある駅まで15t積無蓋車（トム900形）に75石（13.5㎥）入りの木製タンクを積んで輸送した。現在も西尾線の福地駅にその貯留槽が残っている。

この件は松永直幸氏の「名鉄沿線 歴史のある風景 補遺」『鉄道ピクトリアル』No.864（2012.7）に詳しい。

参考資料：鐵道軌道統制会報 昭和19年2月発行

糞尿輸送のトム900。1944（昭和19）年2月発行の鐵道軌道統制会報より

第3章
戦後の貨物輸送

鳴海駅に停車中のデキ602牽引上り貨物列車。◎1956(昭和31)年3月、撮影：白井昭

（1）名古屋本線（東）

　豊橋～名古屋～岐阜を結ぶ名古屋本線は、1948（昭和23）年に電車の直通運転を開始し、名鉄の屋台骨を支える幹線であるが、貨物輸送に関しては神宮前を境に東と西に分類される。

　本線の神宮前以東の貨物ダイヤ（P10参照）を見ると、堀田駅が本線（東）の貨物列車のターミナルで、そこから豊橋方面の貨物列車が運行されていたことが分かる。（昭和25・30・32・38年のダイヤで同じ）

　豊橋～平井信号場間3.8kmは、名鉄とJR飯田線の共用区間で山側（上り線）が名鉄、海側（下り線）がJRの所有となっているが、共用区間の管理はJRが行っている。この間にある船町・下地駅は飯田線の駅で、名鉄は全列車が通過する。豊橋～船町（1.5km）間の豊橋から1km地点の山側に側線が残っている。そこは、かつては名鉄と国鉄の貨物継送基地として活躍し、名鉄貨物列車の発着駅でもあった。また時には故障したパノラマカーを収容したこともあった。そこから船町方の地上には貨物駅があり、一時コンテナ基地として使用されたが現在もJR貨物西浜松駅管理のコンテナヤード（オフレールステーション）となっている。

右が名鉄の貨物列車の発着点だった豊橋（船町）ヤード。貨車が停車中。左は東海道本線。豊橋を出発したパノラマカーの展望席から見る。
◎豊橋～伊奈、1962（昭和37）年1月、撮影：白井昭

豊橋に向かうデキ401牽引の名鉄貨物列車。飯田線ダイヤの都合で豊橋接続は増発が効かず、牽引定数を稼ぐ必要から豊橋乗入は「大デキ」限定運用であった。
◎伊奈～豊橋、1962（昭和37）年12月、撮影：神谷静治、NRA所蔵（NRA＝名古屋レール・アーカイブスの略称）

船町駅を通過し、まもなく豊橋（船町）ヤードへ到着する名鉄貨物。◎伊奈～豊橋、1963（昭和38）年1月、撮影：神谷静治、NRA所蔵

名電長沢付近。デキ604牽引の東部線貨物列車最後の頃。
◎1965（昭和40）年8月、撮影：白井昭

本宿付近を豊橋へ向かうデキ501牽引の貨物列車。この区間は勾配もあり「大デキ」が重用された。
◎本宿～名電長沢、1958（昭和33）年6月、撮影：白井昭

　貨物輸送最盛期の1963（昭和38）年度には豊橋から国鉄へ中継する発着貨物が年間47万7千トンあった。伊奈、国府、本宿、美合、東岡崎、堀田等の主な出荷駅からの貨物の大半が豊橋から国鉄線へ継送された。豊橋～東岡崎には勾配もあり、強力機のデキ400～600形が重用された。また美合駅は上下方向からの勾配区間のサミットにあり、貨車の逸走は大事故になるので、入換時の突放は厳禁だった。下り線側の構内にはコンクリート工場の側線があり、さらに下り線の岐阜方には日清紡績の専用側線があり、勾配を下った先の工場門を入場貨車を牽引して突破したこともあったという。余談だが昔は貨車の逸

本宿駅で入換中のデキ371。伊奈までのローカル貨物は「小デキ」も運用に就いた。◎1965（昭和40）年、撮影：清水武

走も多くあり、逸走した貨車を止めるのに受ける側では「湿らせた布団を線路に敷け」と聞かされた。

美合駅でデキ501の豊橋（船町）行直行貨物104列車を退避する、デキ252の伊奈行ローカル貨物164列車。
◎1961（昭和36）年7月、撮影：白井昭

名鉄は昭和30年代から本線に優等車両を投入し、スピードアップに力を入れ、速度の遅い貨物列車を縮小する方向に向かっていた。このため1965（昭和40）年9月には名古屋本線（東）の堀田・本宿・国府・伊奈などの貨物営業と豊橋駅での貨車の継送を廃し、堀田〜豊橋間の直通貨物列車は廃止された。かねて縮小を進めていた小口扱い貨物もこの翌年10月に廃止した。

東岡崎駅で発車を待つデキ401牽引の下り貨物列車。右側の貨物ホーム跡地には現在スポーツ施設が建つ。
◎1955（昭和30）年9月、撮影：白井昭

デキ603が貨車15両牽引する長大な貨物列車。◎岡崎公園前〜矢作橋、1955（昭和30）年8月、撮影：白井昭

矢作川橋梁を行く下り貨物列車。機関車を含め16両編成。◎岡崎公園前～矢作橋、1955（昭和30）年8月、撮影：白井昭

名鉄最後の新造貨車ワム6000形の試運転列車。ハワイアンブルーで登場し話題になった。
◎矢作橋、1962（昭和37）年8月、撮影：白井昭

デキ501牽引の上り貨物列車(貨車15両)。◎今村(現・新安城)～宇頭、1958(昭和33)年11月、撮影：白井昭

デキ401牽引の下り貨物列車(貨車15両)。◎宇頭～今村(現・新安城)、1958(昭和33)年11月、撮影：白井昭

デキ600形の牽く下り貨物列車。貨車14両で、通風車が2両連結されている。
◎宇頭～今村(現・新安城)、1955(昭和30)年12月、撮影：白井昭

今村（現・新安城）の愛知紡績の側線からの貨車を引き出してきた入換機デキ51。◎1957（昭和32）年2月、撮影：白井昭

鳴海駅を出発するデキ402牽引の上り貨物列車。◎鳴海〜左京山、1958（昭和33）年6月、撮影：白井昭

高架化前の堀田駅北側の貨物側線で発車を待つデキ101牽引の東西連絡貨物列車。写真向こう側が豊橋方。当時のデキ100形は西部線所属。連絡列車は主に夜間の設定だが、不定期ながら昼間にも1往復が設定されていた。
◎1955（昭和30）年12月、撮影：白井昭

堀田駅西の側線で発車を待つデキ501牽引の豊橋行き貨物列車。堀田が豊橋方面の貨物列車の始発駅だった。高架化前の堀田は駅の両側に貨物扱い所がある広い構内だった。◎1955（昭和30）年11月、撮影：白井昭

堀田駅北西の貨物側線で荷役作業。◎1959（昭和34）年頃、名鉄資料館所蔵

堀田駅南西の貨物ホームで荷役作業。◎1959（昭和34）年頃、名鉄資料館所蔵

堀田駅上り副本線に停車中の鳴海行き普通3900系。その右（北）には立派な貨物ホームがあった。
◎1957（昭和32）年2月、撮影：白井昭

　1959（昭和34）年4月に知立駅が現在地に移転し、名古屋方面から三河線への直通が可能になると、名古屋本線の貨物列車や荷物列車は一旦、三河線に入り、三河知立で解結や時間調整を行ってから知立連絡線（三河知立〜知立信号所）を経由して本線に戻るルートが基本になる。

　1965（昭和40）年9月以降は、今村（新安城）から西尾線と、残った美合、東岡崎、矢作橋（東洋レーヨンの専用線）からの貨車は、知立から三河線を経由し刈谷で国鉄へ中継した。このため名古屋本線各駅への集配列車の運転は、名古屋運転区ではなく知立乗務区が担当した。知立〜神宮前間については、挙母線トヨタ自動車前から知立、神宮前経由で常滑線聚楽園へ鉄鋼プレス屑を運ぶ列車だけが残された。

　これを転機に名鉄貨物輸送は縮小の道を辿ることになる。本線最後の貨物扱い駅となった美合・東岡崎は1982（昭和57）年まで貨物扱いを行い、刈谷〜知立（折返し）〜三河知立〜知立信号所〜東岡崎〜美合の経路で輸送された。この時点では知立連絡線（三河知立〜知立信号所）を通る唯一の列車で、貨物列車廃止後しばらくして、知立連絡線も廃止となった。

渥美線

　現在の豊橋鉄道渥美線は、渥美電鉄により1924（大正13）年に開業、1940（昭和15）年に名鉄へ合併され名鉄渥美線となったが、1954（昭和29）年10月に名鉄から豊橋鉄道へ譲渡された。

　名鉄時代の最後の頃、貨物輸送用には、電気機関車はデキ151・362の2両、電動貨車はデワ31〜33の3両が配置され、そのまま豊橋鉄道へ転籍した。その直後にデキ851も豊橋鉄道へ譲渡された。

　なお、デキ151は渥美電鉄の機関車で、デワ31〜33は渥美電鉄開業時の電車を電動貨車に改造した車両。

　渥美線は、豊橋鉄道になってからも貨物輸送が盛んで、セメント、沿線の農産物、繊維製品などを輸送した。高師、大清水から紡績会社へ引込線があり、三河田原近くの神戸信号所から小野田セメント田原工場への引込線があった。新豊橋〜柳生橋間に花田貨物駅があり、そこで国鉄線へ貨車の中継を行った。昭和40年代以降は貨物輸送量が減少し、1984（昭和59）年2月に貨物輸送を廃止した。

名鉄時代の渥美線。電動貨車デワ30形33と無蓋車ト200形234。共に豊橋鉄道へ転籍した。
◎高師、1954（昭和29）年7月、撮影：倉知満孝、NRA所蔵

名鉄時代の渥美線。デキ150形151と有蓋車ワム5000形5019。共に豊橋鉄道へ転籍した。
◎高師、1954（昭和29）年7月、撮影：倉知満孝、NRA所蔵

名古屋市電を豊橋へ輸送

　豊橋交通（昭和29年に豊橋鉄道に変更）は1951（昭和26）年1月、名古屋市交通局から廃車になった車両を4両、翌年にも3両を購入した。さらに昭和31年度には名古屋市で残っていた改造単車と呼ばれた半鋼製車両16両が豊橋鉄道へ譲渡された。

　このうち1951（昭和26）、52（昭和27）年度に購入し、豊橋でモハ300形（高床）、400形（低床）となった車両は、国鉄流に言えば甲種輸送で回送された。名鉄堀田駅前の市電線路から堀田駅で名鉄線路に移し、深夜1両ずつ名鉄本線を豊橋駅まで電気機関車で牽引して輸送した。その時の写真が神谷氏撮影の写真であり、豊橋到着後、飯田線豊橋機関区横の船町連絡線を入換運転で通過中の姿である。この後国鉄線を経由して豊鉄の花田貨物駅から柳生橋へ移送され、豊橋市内線の線路に移されたものと思われる。

　1956（昭和31）年に購入され、500形になった車両は、日車から大物車を借用し、名鉄線内を乙種輸送で回送された。荷卸しは高師で行い、その後、柳生橋まで自力で回送されたものと思われる。

（参考資料）
1、白井良和「豊橋鉄道」『鉄道ピクトリアル』No.128（1962.2増）
2、『名古屋市電整備史』なごや市電整備史編集委員会（1974）

豊橋機関区の前を入換中の豊橋市内線400形。名古屋市電からの譲渡車で、堀田からデキ802に牽引され到着。手前の東海道本線は当時非電化。◎豊橋、1951（昭和26年）、撮影：神谷静治、NRA所蔵

名古屋市電高辻車庫に留置された半鋼製単車の廃車。
◎高辻車庫
1957（昭和32）年1月
撮影：白井昭

名古屋市電高辻車庫で500形として化粧直しされた。豊橋鉄道の社紋と番号が付いた。
◎高辻車庫、1957（昭和32）年5月、撮影：白井昭

神宮前の日車側線に留置された大物車（シム）上の市電。豊橋鉄道の社紋と番号（507・501・503）を付け、日車の私有貨車（シム）に乗せられて出発を待っている。◎神宮前、1957（昭和32）年5月、撮影：白井昭

伊奈駅に停車中の大物車（シム）上の市電。510・504・509の3両を輸送中。◎伊奈、1957（昭和32）年5月、撮影：白井昭

C50形に牽引される市電輸送列車。名鉄の貨物列車で豊橋（船町）ヤードへ到着した貨物は、豊橋構内入換機のC50形に牽引され、豊橋駅東の仕分け線へ移動。◎豊橋、1957（昭和32）年5月、撮影：神谷静治、NRA所蔵

C50形に牽引される市電輸送列車の後ろ姿。市電が乗った貨車は、豊橋機関区の横を通り、豊橋鉄道花田貨物駅まで運ばれ、豊橋鉄道へ引き渡された。◎豊橋、1957（昭和32）年5月、撮影：神谷静治、所蔵：NRA

豊橋鉄道高師車庫に到着した市電。貨車に乗った市電は、花田から高師まで豊橋鉄道渥美線の貨物列車で運ばれた。市電と貨車の間に枕木を入れ、それをジャッキで持ち上げ、貨車を抜いてからレール上へ降ろす。
◎高師車庫、1957（昭和32）年7月、撮影：白井昭

豊橋鉄道高師車庫に到着した市電のオンレール作業。枕木上の市電をジャッキアップし、貨車を抜いたあと、レール上へ降ろす作業。500形搬入の最後の頃で、右端の留置線に500形がずらり並んでいる。◎高師車庫、1957（昭和32）年7月、撮影：白井昭

（2）西尾線、安城支線、平坂支線

　現在の西尾線は新安城(旧駅名:今村)〜吉良吉田間であるが、新安城〜西尾間は碧海電気鉄道、西尾〜吉良吉田間は西尾鉄道(軌間762mmで開業)により建設された。途中、南安城から安城支線、西尾から平坂支線が分岐しており、貨物は安城支線を経由して安城駅から国鉄線へ継送されていた。

　1951(昭和26)年の貨物取扱駅は、南安城、碧海桜井(現・桜井)、米津、西尾、福地、上横須賀、三河荻原(現・廃止)、三河吉田(現・吉良吉田)と、平坂支線の港前駅で、取扱量は西尾駅と港前駅が多く1日平均84t程度、上横須賀が41t程、その他は30t以下だった。1959(昭和34)年7月のダイヤでは、1往復が今村(現・新安城)発着であるのを除けば南安城が起点で、三河吉田と西尾へ2往復ずつ貨物列車が設定されていた。

　1963(昭和38)年の西尾線貨物取扱駅は、西尾、上横須賀、吉良吉田に集約されたが、上横須賀は1964(昭和39)年に廃止。昭和40年3月のダイヤでは、今村(新安城)〜西尾間に定期1往復(+不定期1往復)、西尾〜吉良吉田間に定期1往復貨物列車が設定されていたが、まもなく今村側の列車を廃止している。1969(昭和44)年に西尾・吉良吉田駅の貨物扱いを廃止し、西尾線の貨物列車は廃止された。

矢作川橋梁を渡るデキ361牽引の西尾線貨物列車。西尾線600V時代の最後で、この翌月に1500Vへ昇圧した。
◎米津〜桜町前、1960(昭和35)年2月、撮影:白井昭

西尾駅南西の貨物ホームと貨物側線。広い構内で、写真左側には車庫もあった。手前が西尾線で、この先で平坂支線が右方向へ分岐した。◎西尾、1957(昭和32)年11月、撮影:白井昭

米津に停車中のデキ361牽
引の貨物列車。
◎1959（昭和34）年2月
撮影：白井昭

矢作古川に向かう築堤
を走るデキ361牽引の
貨物列車。
◎鎌谷～上横須賀
1956（昭和31）年2月
撮影：白井昭

安城支線が分岐する南安城。左に安城支線のモ85が停車中。向こう側で左に向かうと国鉄安城駅。
◎1959（昭和34）年、撮影：白井昭

安城支線（安城～南安城間1.1km）は、1939（昭和14）年12月に碧海電気鉄道により貨物支線として開業、戦後愛知国体を機に旅客営業も始めたが、本質は西尾線の貨物を国鉄線に連絡するのを目的に作られた路線であり、貨物のウエイトが高かった。1959（昭和34）年7月のダイヤでは安城－南安城間で17往復もの貨物列車が設定されていたが、本線と比較すると輸送力が過剰であり、どのような運用がなされていたのか今となってはわからない。経営合理化にともなう支線の整理で1961（昭和36）年7月に廃止された。

安城支線を行くデキ361牽引の貨物列車。その右には西尾線の2060形。間もなく合流して南安城。西尾線昇圧直前。
◎安城～南安城、1960（昭和35）年3月、撮影：白井昭

南安城の北側。デキ1001牽引の貨物列車。◎1958（昭和33）年、撮影：白井昭

国鉄安城駅の近く。安城支線専属のモ85が、旅客列車の間合いで時々貨物（貨車3両以下）を牽引した。
◎1955（昭和30）年11月、撮影：白井昭

安城駅でモ85が継送貨車
の入換。
◎1960（昭和35）年3月
撮影：白井昭

昇圧後の安城支線を行くデ
キ370形の貨物列車。昇圧
後1年で安城支線は廃止。廃
止直前の姿。
◎1961（昭和36）年7月
撮影：白井昭

平坂支線（西尾〜港前間4.5km）の終点・港前駅の奥に平坂港があり、江戸時代から大正時代頃までは西三河地域の物流拠点になっていた。平坂臨港（貨物）駅は1916（大正5）年に廃止され、港前駅に統合されたが、貨物ホームは残り、そこから貨物が発着した。港前には煉瓦工場があり、その材料や製品が輸送された。平坂支線は1960（昭和35）年3月に廃止されたが、晩年の貨物輸送は混合列車により行われた。

西尾駅に停車中の平坂支線の混合列車、モ1004が貨車1両を牽引。◎1955（昭和30）年11月、撮影：白井昭

三河線との交差部を行く、平坂支線の混合列車。モ607が無蓋車1両を牽引。◎平坂口〜羽塚、1958（昭和33）年8月、撮影：白井昭

平坂支線の終点、港前駅に停車中の混合列車。向こう側が西尾方面。◎1958（昭和33）年8月、撮影：白井昭

港前駅から奥の方を見る。昔は平坂臨港駅を名乗ったが、港前駅に統合された。ここで貨車を連結し、港前で客扱いをしてから出発。
◎1956（昭和31）年、撮影：白井昭

（3）蒲郡線

　三河鉄道が最後に建設した区間で、名鉄合併時は三河線の一部だったが、1948（昭和23）年に三河吉田（現・吉良吉田）～蒲郡間が蒲郡線として分離された。戦時中は明治飛行場建設用の土砂輸送も行われた（P32参照）が、貨物輸送量は少なかった。

　1951（昭和26）年には、西幡豆、東幡豆、西浦、形原、蒲郡で貨物扱を行ったが、小口扱い貨物のみで、扱い量も少なく（一番多かった形原で1日3t以下）、名鉄の社有貨車を連結した混合列車が1往復設定されているのみだった。貨物は蒲郡で連絡したが、貨車の直通はせず、国鉄の貨車へ積み替えた。1966（昭和41）年の小口扱い貨物廃止により廃止された。

蒲郡線の混合列車が橋梁を渡る。モ1021-ク2060形-有蓋車の編成。
◎三河鹿島～拾石（現・蒲郡競艇場前）、1959（昭和34）年7月、撮影：白井昭

蒲郡に向かう混合列車。海の向こうには三河大島が見えた。◎三河鹿島付近、1959（昭和34）年7月、撮影：白井昭

東幡豆付近を走る混合列車。◎東幡豆〜洲崎（現・こどもの国）、1959（昭和34）年7月、撮影：白井昭

モ1002-ク2066-ワム5201の混合列車。◎東幡豆〜洲崎、1959（昭和34）年7月、撮影：白井昭

モ204-ク2291-ワム500形の混合列車。◎三河鹿島〜拾石、1959（昭和34）年4月、撮影：白井昭

（4）三河線（海）

　三河線の輸送は1959（昭和34）年に知立駅が現在地に移り旅客列車はスイッチバックするようになるが、そ
れ以前から、知立を境に海線、山線と呼ばれていた。貨物輸送の面では国鉄中継の刈谷駅を境に海線・山線の運
用が別れた。海線では沿線の主要産業である瓦など窯業製品の輸送と、大浜港（1954（昭和29）年、碧南に改称、
1946（昭和21）年まで大浜臨港線が分岐）、新川町（1955（昭和30）年まで新川臨港線が分岐）、北新川、高浜港な
どの駅名から知られるように、窯業燃料の石炭など海運との連携輸送に特徴があった。

　玉津浦駅は海岸近くまで側線が伸び、夏季には海水浴客輸送の臨時列車も入線したというが、普段は窯業工
場などへの石炭輸送が行われ、構内には石炭の山があった。これらの臨港駅では突放入換中に貨車を海中に落
としたこともあったという。

　戦後に立地した東芝炉材の工場側線として、小垣江駅から依佐美無線基地への廃線跡が活用された。これは、
山線の猿投方面からの珪砂等、耐火煉瓦の原料となった枝下（しだれ）の木節（キブシ）粘土などの鉱産品に目
を付けた神谷社長らが誘致した「東洋耐火煉瓦会社」（現・クアーズテック刈谷事業所）に端を発した会社であ
る。

　大浜（碧南）・高浜地区の窯業者は、戦後の貨車不足の際には高浜町貨車組合を結成し、国鉄の中古貨車の払
い下げを受け社有車として自社貨物の輸送に使用した歴史もある。

　海線の方は、衣浦臨海鉄道の碧南線の開業を機に1977（昭和52）年5月に9駅の貨物営業を廃止し、衣浦臨海
へ移管したが、実際にはトラック輸送への転移が多かった。このとき、海線の貨物列車も廃止されたが、それま
で刈谷〜碧南間のほとんどの駅で貨物を扱っていて取扱量も多く、名鉄の中では異色の路線だった。

刈谷駅で発車を待つデキ303牽引の貨物列車。◎1955（昭和30）年8月、撮影：白井昭

三河線電車内から見た刈谷工場。右側の線路が三河線で、刈谷から刈谷市方向を見る。刈谷を出てすぐ左側に刈谷工場があった。
◎刈谷～刈谷市、1957（昭和32）年9月、撮影：白井昭

刈谷市駅でタブレット交換をするデキ401牽引の貨物列車。◎1976（昭和51）年2月、撮影：佐野嘉春

小垣江駅で退避する貨物列車。小垣江駅では晩年まで東芝炉材の貨物を扱った。◎1976（昭和51）年頃、名鉄資料館所蔵

高浜港駅構内。デキ401が貨車入換のため小休止。◎1974（昭和49）年11月、撮影：田中義人

碧南を出発し、刈谷に向かうデキ300形牽引貨物列車。◎碧南〜新須磨、1957（昭和32）年9月、撮影：白井昭

碧南駅の構内。貨物で賑わっていた。◎1975（昭和50）年9月、撮影：田中義人

三河線矢作川橋梁を渡るデキ601牽引の貨物列車。架線柱の構造が三河鉄道特有の古レール製
◎三河旭〜中畑、1977（昭和52）年5月、撮影：服部重敬

三河線矢作古川を渡るデキ305牽引の貨物列車。◎松木島〜吉良吉田、1967（昭和42）年、撮影．清水武

碧南付近の貨物側線

　三河線（海）の高浜市から碧南市にかけては、昔から三州瓦と呼ばれる陶器瓦の産地で、醸造業などの産業も発展していて貨物輸送が盛んだった。

　1914（大正3）年2月に三河鉄道が刈谷新～大浜港（現・碧南）で開業。翌年8月に新川町～新川口間の貨物線（新川口支線）0.6kmが開通、11月には大浜港～大浜口間の貨物線（大浜口支線）0.4kmが開通した。

　1926（大正15）年9月には大浜港（碧南）～神谷（松木島）間を延伸。

　1935（昭和10）年に大浜港（碧南）の隣の駅、玉津浦駅から大浜臨港線運送専用線（玉津浦臨港線）が開通した。

　大浜口支線は1946（昭和21）年8月に廃止、新川口支線は1955（昭和30）年2月に廃止、1959（昭和34）年12月に玉津浦臨港線を廃止した。

　参考文献→「棚尾の歴史を語る会」　2015（平成27）年12月27日開催　より

大浜口支線大浜口駅

　1914（大正3）年2月に三河鉄道が刈谷新～大浜港（現・碧南）で開業。翌年11月には大浜港～大浜口間の臨港線（大浜口支線）0.4kmが開通し、海陸連絡の大浜口駅が開業した。衣浦港（大浜港）から堀川を小船で運ばれた貨物は、ここで貨車に積み替えて三河鉄道（→名鉄三河線）経由で運ばれた。貨物の主なものは石炭だった。終戦後の1946（昭和21）年8月に廃止された。大浜口駅の近くを走っていた三河線碧南～吉良吉田間が2004（平成16）年3月に廃止され、碧南市内の廃線跡は2018（平成30）年から「碧南レールパーク」として整備された。大浜口駅跡は公園の入口で、モニュメント広場がある。

碧南レールパークの入口のモニュメント広場。ここが大浜口支線の大浜口駅跡。貨物扱いをしていた鉄道への愛着が感じられる。
◎碧南レールパーク、2016（平成28）年5月

三河線碧南～吉良吉田間は廃止されたが、碧南～三河旭間約2kmの廃線跡は「碧南レールパーク」として整備された。その公園の入口にある看板。
◎碧南レールパーク、2016（平成28）年5月

鉄道以前からの川港としての繁栄

堀川は当初、この地の塩田に海水を引くために開削されたが、同時に川港、排水路など多くの用途があった。瓦や酒などの運搬はこの棚尾港で小船に積まれ、大浜港の沖で大きな船に積み替え江戸など遠くの港へ運ばれた。

しかしながら、大正時代以降、貨物輸送における川港の役割は次第に衰え、輸送の主力は鉄道になり、さらに昭和になると自動車に移っていった。

大浜口広場の位置は、昔、棚尾港として利用されていた場所である。

堀川の東方向への付け替えに伴い、貨物輸送の大浜臨港線の大浜口駅が開業し、堀川を利用した陸海連絡線として地域の物流の拠点となった。

※左図は現況図に昔の地形図を重ねたものである。

　昔の堀川
　現在の堀川

大浜臨港線運送専用線
（通称：玉津浦臨港線）

　碧南駅の南隣の玉津浦駅から約1.5kmの臨港線（構外側線）が延びており、貨物輸送を行っていた。1935（昭和10）年に開業し、蜆（しじみ）川を小船で運搬してきた石炭などを貨車に積み替えて輸送した。

　戦後は玉津浦海水浴客の利便を図るため電車を走らせたが、1959（昭和34）年9月の伊勢湾台風で被災し、12月に廃止された。ただし、分岐点付近から駅裏までの短区間については大浜三鱗専用側線として1968年まで使用されている。

（右上）大浜口駅跡に立つ説明看板。
◎大浜口広場、2016（平成28）年5月

（右中）玉津浦駅跡に立つ臨港線の説明看板。
◎玉津浦広場、2016（平成28）年5月

（下）碧南レールパーク玉津浦広場。左へカーブする線が三河線跡で、向こうに見えるホームが復元された玉津浦駅ホーム。右へ分岐する線が玉津浦臨港線跡。
◎玉津浦広場、2016（平成28）年5月

玉津浦駅から臨港線があった

現在地

昭和10年（1935）玉津浦駅～大濱町字大木落（現在の岬町2丁目一ツ橋ポンプ場の位置）間に構外側線（臨港線）が引かれ貨物輸送を開業。主に衣浦港に荷揚げされた石炭を、蜆川の一ツ橋付近まで小船で運搬し貨車に積みかえた。又、戦後は玉津浦海水浴客の利便を図るため電車を走らせた。しかし、伊勢湾台風の後昭和34年（1959）12月3日に廃止となる。

この碑は、臨港線の建設功労者である渡邊秀治が昭和13年に亡くなられたのを悼み、大濱臨港線運送株式会社（社長平岩積治郎）がその功績を称え建立した顕彰碑である。

玉津浦を通過して棚尾に向かう貨物列車。列車の最後尾付近が玉津浦駅。この付近はΩカーブになっていた。
◎玉津浦～棚尾、1958（昭和33）年、撮影：白井昭

新川口支線
（新川町～新川口）0.6km

三河鉄道開業の1年半後の1915（大正4）年8月、新川町～新川口間0.6kmの新川口支線（新川臨港線）が開業した。1955（昭和30）年2月に名目上廃止されたが、線路はそのまま残り、新川町の構内側線扱いになった。1977（昭和52）年5月に三河線（海）の貨物扱いを全て廃止。そのときに新川町と、構内側線扱いだった新川口の貨物扱いも廃止された。

新川口支線と三河線。
◎国土地理院空中写真
1961（昭和36）年4月撮影に追記

新川町臨港線終端の風景。ホウキの先のような単純な線形だったので、貨車の入換には高度な技術が必要だった。
◎1974（昭和49）年11月、撮影：田中義人

（5）三河線（山）

　挙母の町はトヨタグループによる自動車産業の発展に伴い、豊田市と名前を変えて発展した。三河山線（知立以北）はトヨタ自動車工業の材料や通勤輸送によって支えられた面もある。トヨタ関連会社の従業員輸送のため、工場の操業に合わせた「トヨタカレンダー」で運転したという。

　1958（昭和33）年の元町工場建設時には、土橋駅から専用線が敷設され、最初から40キロレールを使用したといわれる。1963（昭和38）年にトヨタ自動車販売が日本初の新車輸送用貨車であるシム1000形を試作して土橋から発送テストを行ったり、1966（昭和41）年に国鉄が試作した冷延コイルの物資適合貨車、ワキ9000形を飾磨〜土橋間で運用したことも特記される。

　山線の中心駅は豊田市（1959（昭和34）年に挙母から改称）で、貨物扱い量も多かったが、駅ビル建設のため1960（昭和35）年に貨物営業を廃止して梅坪駅に移管した。このため梅坪駅は、隣接するガラス工場からの出荷と合わせて貨物扱い量が増加したが、豊田新線建設のための高架化により1977（昭和52）年に貨物営業を廃止した。

　越戸〜三河広瀬の4駅は付近の鉱山から粘土や珪砂の発送が多かったが、到着は少なかった。西中金駅での貨物扱いは1965（昭和40）年5月に廃止され、それ以降の貨物列車は三河広瀬で折り返した。この貨物輸送は、名鉄の貨物輸送全廃の1983（昭和58）年末まで続いた。その後、猿投〜西中金間は2004（平成16）年3月末で路線自体が廃止になった。

三河線のデキ379牽引の貨物列車。バックの築堤は名古屋本線。◎三河線知立〜重原、1958（昭和33）年3月、撮影：白井昭

デキ303牽引の貨物列車。バックは依佐美無線塔。大樹寺の日本レイヨンへのタンク車が目立つ。
◎三河線知立〜重原、1958（昭和33）年4月、撮影：白井昭

知立から刈谷に向かうデキ306牽引の貨物列車。新しい（現）知立駅への連絡線の土盛り工事（左の白い部分）が始まっていた。機関車の後ろに本線知立駅のホーム上屋が見える。◎三河線知立～重原、1958（昭和33）年4月、撮影：白井昭

三河線知立駅構内。この1年後に知立駅が移転したので、三河知立駅に改称。◎1958（昭和33）年3月、撮影：白井昭

土橋駅に到着したデキ501牽引の貨物列車。次位はワキ9000形。これから入換が始まる。◎1967（昭和42）年、撮影：清水武

土橋駅でワキ9000形の入換。冷間圧延コイル輸送用に開発された貨車で、特殊な荷受台と開閉屋根を持つ。当時の塗装は青22号だった。
◎1967（昭和42）年
撮影：清水武

貨車で賑わっていた挙母駅（現・豊田市駅）。1959（昭和34）年に豊田市駅と改称され、その翌年に高架化工事のため貨物営業を廃止した。
◎1958（昭和33）年
撮影：白井昭

越戸駅を通過し、知立に向かう貨物列車。越戸駅には越戸鉱山（粘土）があり貨物を積み込んだ。
◎1976（昭和51）年6月、撮影：田中義人

矢作川橋梁を渡る末期の貨物列車。猿投〜西中金間は、2004（平成16）年に廃止された。
◎枝下〜三河広瀬、1983（昭和58）年2月、撮影：服部重敬

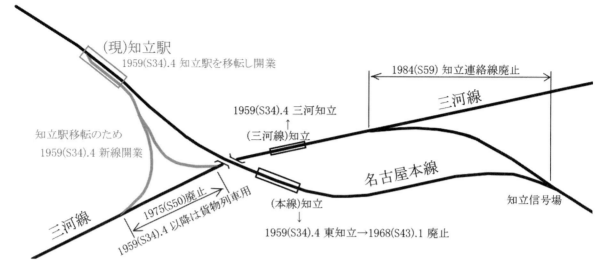

知立駅付近の変遷。1959（昭和34）年4月に現在地へ移転した。

図中のラベル：

（現）知立駅
1959(S34).4 知立駅を移転し開業

知立駅移転のため
1959(S34).4 新線開業

三河線

1959(S34).4 三河知立
（三河線）知立

1984(S59) 知立連絡線廃止

三河線

名古屋本線

知立信号場

1975(S50)廃止
1959(S34).4 以降は貨物列車用

（本線）知立
1959(S34).4 東知立→1968(S43).1 廃止

　1975（昭和50）年に重原〜三河知立間の貨物用短絡線（旧線）を廃止したので、貨物列車は知立駅で折り返すダイヤになった。知立駅での機廻し作業を省略するため、刈谷〜三河知立間では貨物列車の前後に機関車を連結するようになった。

　豊田市駅からの奥では、廃止間近の頃は側線を廃した「ひげ線」だけの駅があり、入換には苦労した。これらの操車係は車掌のほか、幹事駅所属の係員が貨物列車に添乗して巡回し、駅毎で作業に当たった。この作業の実態について旧知の鈴木雅晴君が『鉄道ジャーナル』№153（1979.11）に投稿されており、鈴木君と同誌の了解を得てここに再録する。

知立駅へ進入する貨物列車。1975（昭和50）年に海線⇔山線を直通する線（旧三河鉄道本線）を廃止したため、山線への貨物列車は刈谷〜三河知立間はデキを両側に連結して運転した。◎1982（昭和57）年6月、撮影：寺澤秀樹

ローカル線貨物列車添乗記

ローカル貨物とともに　　（『鉄道ジャーナル』誌（1979年11月号）に掲載）
名古屋鉄道三河線をゆく貨物列車　　鈴木　雅晴

　鉄道貨物輸送がその使命を失ってゆく作今、ほそぼそと、しかし地域社会をささえるべく、たくましく走る貨物列車がある。名鉄三河線に残る最後の貨物列車—、この列車のもつ使命に生命力あふれる力強さを感じ、とにかく追ってみた。

往路 1、刈谷→知立

　昭和53年10月16日、天気は快晴。国鉄刈谷駅構内では、すでにパンタを高く張り上げた43列車が出発を待っている。やがて線路上で背伸びした国鉄の助役さんから、タブレットが渡される。

　「1種マル・反位・反位・出発進行」『ピョーッ』重苦しいうなりをあげてデキ602は始動した。本日貨車7両、最後尾には、知立から本務となるデキ401がいつものように連結されており、列車の前後を守る二つの黒い巨体に山岳鉄道のイメージが宿る。

　モーターのうなりとポイントの振動を感じると、東海道本線をオーバークロス。上り勾配を一歩一歩上りつめるデキの足元を、短いホイッスルを残して、国鉄の近代的貨物がすり抜けていった。機関車の新しさではとても国鉄にはかなわないが、長いあいだ風雪に耐えてきたこの機関車には遅しさすら感じられる。運転士Mの乗務する本務機から後方を望むと、きれいなカーブを描いた貨車が、そして背一杯パンタを挙げたデキが歩調を合わせて坂をのぼりつめている。発車して間もないためか、"M台"の重苦しい緊張感はいっこうにとけない。

刈谷駅で貨車の始発点検中。◎1978（昭和53）年10月、撮影：鈴木雅晴

　「重原通過」、対向列車は、すでにホームにあり、列車前の線路上では駅長が手を挙げていた。

刈谷駅で発車を待つデキ602牽引の貨物列車。◎1978（昭和53）年10月、撮影：鈴木雅晴

Mは窓から身を乗り出してタブレットを返納、即座にハンドルを握り前方注視。次の知立までは、複線自動閉塞区間となる。重原でのあわただしさがウソのように静寂が戻った。そよ吹く風も心地よい。やがて遠方には知立駅HS（場内信号機）。

「警戒、ヨシ！」「場内ヨシ３番線」・・・本線との分岐点知立へは、こんなあわただしさの中で入線してゆく。旅客用ホームへ静かに停車、と同時にM（運転士）とC（車掌）、がともに反対のデキへと急ぐ。声もかけずに駆け足ですれ違うMとCをこれまた無言の乗客がベンチから怪訝そうな顔で眺めている。自分も遅れてはならじとファインダーをのぞき、そんなホームの情景をとらえながら反対のデキへと走る。ようやくたどり着いたデキでは、Mは既に計器の点検、制動試験と指差喚呼を繰り返しており、知立の構内には、幾度となくホイッスルが響きわたる。『フィョー、フィー』・・・

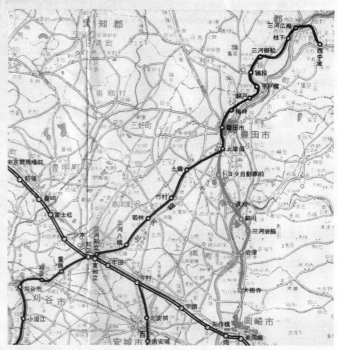

三河線路線図(山線)。1962(昭和37)年8月

往路2　知立→土橋

　知立から進行方向が変わりデキ401が本務の本来の姿となる。今までの牽引機デキ602は次の三河知立までは最後尾で従う。先の602は助士席がないので往生したが、今度はやっと席にありつけた。発車すると間もなく、山へ向かって大きくカーブする線路の遠くに、三河知立HSを確認。「三河知立場内進行、ヨシ！」。三知（注：三河知立）でデキ602と貨車１両が解放され、Cがデキ401へと走って乗り移ってきた。この間も制動試験が行われる。Cが移ってきたため再び自席がなくなり、今度は板の上に腰をかけ、貫通ドアから前方を望むことになった。しかしこの場所のおかげで、MとCの仕事を、第三者の目で見られるようになったのは幸いだった。

　線路際のススキがデキをなめるように大きくたなびく、先の重原〜知立間とは異なり、すでに稲の刈り入れがかなり進んでいる。「５５ヨシ」「ヨシ」・・・踏切を通るたびに、せわしいくらいに喚呼が行われ、線路の振動がそのまま伝わってくる閉め切ったM台の中に、頭が痛くなりそうな振動音がこもる。八橋を２分延発してすぐ15.2‰の上り勾配をあえぎながら登りつめたその時、軽自動車が踏切に差しかった。『フィ・・・』一気に緊張感が高まり、前方を注視する目にも厳しさが増す。本日、若林は臨停。「場内進行」「停止！」入れ替わりに、楽しさを満載した中学生団臨〈サウロタッチ号〉が通過していく。次の竹村は通過である。

　「危ない！」『フィ』老婆が不意に構内踏切に現れ、とっさに駅員が制止。デキは一瞬にこの光景を後にした。M台には、いつまで続くのかこの重苦しい緊張感、東名高速道路が現れ、しばし並行の後一気に東名の下に回り込んで、いよいよ最初の貨物取扱駅の土橋である。「遠方、ヨーシ！」「場内進行」

　２本のホームとちょっとしたヤード、１番線に滑り込んだ。停止して間もなく助役さんと白ヘルメットの駅員が３人現れ、Mと入換の打ち合わせだが、毎日のこととてすぐ終わって一斉にヤードへと散る。Cはといえば構内を所狭しと走り回り、手旗でテキパキと入換合図を送る。通勤ラッシュが終わってやっと戻った静寂がホイッスルと入換の人の動きで破られたわけである。堂々たる貨物列車もここ土橋で５両も解放され、とうとうデキと貨車１両のさびしい姿になってしまった。（注、土橋はトヨタ自動車の元町工場への専用線があった）

　こんな姿こそ、これから向かう山線には、一番似合うのかもしれない。入換を終えて発車までのひととき、雑談に花が咲く。やっとMやCと会話を交わすことができた。土橋から先は先ほどの白ヘル３人が後部に添乗する。

往路3　土橋→猿投

　「出発進行、ヨシ！」『フィー』土橋は21分の停車であった。後ろに従う貨車が１両になったせいか、走行音が心持ち軽やかになる。次の上挙母を過ぎカーブを下ると、豊田の街並みが見え出した。今までの稲田と雑木林とうって変わって家が建ち並ぶ路地裏の中を走り抜けてゆく。「豊田市通過」Mが窓から身を乗り出し、ホームに直立して待つ助役さ

76

んからタブレットを受ける。いよいよタブレット区間へと踏み込んだのだ。構内を出ると再び力行。この区間隋一の大都市である豊田市駅を通過するのは、おそらくこの貨物列車だけだろう。だが次の梅坪では列車交換のため停車。対向列車を見送った駅長さんが、タブレットを持って急いでやって来る。「三種サンカク、発条ポイントヨシ、発車！」タブレット区間とはいいものだ。人間の手で列車が運転されるという実感。そして、無事を祈る人と人との触れ合いが、ひしひしと感じられるから・・・

　豊田新線工事の進捗目覚ましい梅坪をあとに、次の停車駅の猿投へとひた走る。速度が高いのか、レールが悪いのか横揺れがひどくなって、走行音も高まる。越戸通過。「15！ヨシ」無人駅のくせに、それでもポイントがある。本当に小さな越戸駅を出てすぐに12.5‰上り勾配に挑む。レールはカーブを描いて築堤上を走り、すぐに18.5‰へと続く、グンと登りつめてゆくと、やがてカーブした平戸橋のホームが見えてきた。広々とした庭のようなホームには誰もいない。『フィー』軽いホイッスルを残して松の木が生い茂る切通しへと飛び込んでゆく。大雨の時にはよく水が出るところらしく、線路の両側に土嚢がどこまでも続く。「遠方ヨシ！」「場内ヨシ！」側線を何本も持った猿投構内が見えてきた。ポイントを渉り、スーッと島式ホームに停車。本日は猿投への貨物がないため、入換はなし。10分の小休止である。M，C、そして添乗さんはしばしの間駅舎へと消えて、デキには私がたった一人。それでもMGが休む間もなく息づく。対向列車が山を下ってくる頃、駅舎からMとCがデキに向かう。その後から話の続きだろうか、笑顔の添乗さん達がやってきた。

往路4　猿投→三河広瀬

　「一種マル、発条定位、ポイントヨシ」「発車！」『フィー』いよいよ、本当の山線へと突入だ。暖かそうな日差しの中、周りはまるで高原のようなさわやかさが漂う。間もなくウッドセクション、マスコンがせわしく動いた。

　猿投構内を出ると、すぐ20‰の上り急勾配である。遠方で保線屋さんがポツンと一人手を挙げていた。『フィー』…軽く返事。「ご苦労さん！」保線屋さんを目ざしてぐんぐんと上りつめ、そしてあとにする。田園と雑木林の中に溶け込んだような御船（注・三河御船）を通過。やがて差し掛かる踏切に帽子が風に誘われて迷い込んできてレールの上に止まる。一瞬早くデキは上を通り過ぎてしまった。「帽子、つぶれてしまったかなァ？」とMがポツリつぶやく。木々の生い茂る高原の中を登り詰めて、変わらぬ風景の中でサミットをいつの間にか通り過ぎる。間もなく枝下（しだれ）であろう。制動が徐々に掛けられ、駅の手前で停車する。すでにポイントの処では三河広瀬の駅員さんが手を挙げて待っていた。「排気！」『フィー』「バック！」『フィ、フィー』「前」・・・と急に慌ただしくなる。デキは貨車を切り離して枝下のホームに滑り込む。取り残された貨車は5‰の坂を利用して側線へと誘導され、やがて貨車から後部標識を持った添乗さんがデキへ急ぎ

枝下駅に停車中のデキ401。貨車の入換開始。
◎1978（昭和53）年10月、撮影：鈴木雅晴

枝下駅のひげ線1本の貨物側線。
◎1978（昭和53）年10月、撮影：鈴木雅晴

三河広瀬駅で貨車の入換。
◎1978（昭和53）年10月、撮影：鈴木雅晴

やってきた。

　身軽になったデキは広瀬（注・三河広瀬）へラストスパートをかける。矢作川にかかる大スケールの橋梁、そして20‰の上り勾配。山が急に迫るころ、貨車が留置された狭い構内が見えてきた。再び駅手前で停車して、枝下から乗車してきた広瀬の駅員さんがポイントへと走る。ポイントが変えられ、デキは留置線へ入線、そして連結。3人の添乗さんは貨車にそれぞれ散っていく。これから、大掛かりな入換が始まるのだ。構内の狭さも手伝ってか、引き出される貨車の壮観さが印象的だ。M、C、添乗さん、駅員さんの6人がかりで、素早く作業がおこなわれ、広瀬の山峡に幾度となくホイッスルが響き渡る。『フィーオー、フィーオ』・・・

　やがて入換も終わって折り返すまでのひとひととき、駅の待合室から笑い声がこだました。本日快晴、そよ吹く風に赤トンボが舞う。この静けさの中に、ただデキのMGの音だけが途切れることがない。

復路1　三河広瀬→豊田市

　「一種マル、発条ヨシ！」猿投で受けたタブレットを再び指差確認して帰路に就く。「乗ったか—」Mのすっとんきょうな声が後ろに向かって発せられた。添乗さんからの合図があったのだろう。カタカタとマスコンが入れられ、2両の貨車とともに山を下る。

　「土橋、単機回し・・・」Cが不意に言う。Mが小さくうなずいて、もう入換の打合わせは終わった。折り返し時に見せた優しい目に厳しさが戻る。心持ちMは緊張しているようだ。

　広瀬はもう秋。「今度スコップを持ってきて自然薯でも掘るか・・・」Mが言う。のどかだ！バネのきしむ音、線路の音、ファンタジックな音の世界を終点めざして下りゆく。枝下を過ぎて今度はしばしの上り勾配、周りの風景は徐々に山深く変わっていった。と、その時右手からキジが飛び立ち、デキのすぐ前を横切る。「危ない！もうちょっとで鳥鍋だ」こんなMの言葉に、重苦しい雰囲気が一時忘れ去られたようだ。暖かい日差しを受けながらデキは、なおもトコトコ走り続ける。流れゆくものは緑のアーケードだけ。御船通過。貨物におされるように、下り坂を一生懸命横に激しく揺れながら駆け、下りきったところが最初のタブレット交換駅猿投である。MからCにタブレットが渡され今度はCが窓から身を乗り出してタブレットを返納。デキの汚れた窓から見えた。駅長の高くあげられた白手袋が印象的であった。そのままホームへすべり込む。「24分発車だ！」やっと緊張感から解放されるという響きを持った言葉がCから掛けられた。7分少々の停車だが連結貨物はなく、のんびりと一服。定時、駅長からタブレットが渡される。「ちょっと待って、タケやん乗った？」トイレに行っていたのであろう添乗さんの一人が、急ぎデキへ向かってきて「発条定位、定位、ヨシ、発車！」

　長い坂を、こまめにブレーキを使って下りてゆく。かなり激しい揺れだ。横揺れ、横揺れ、床がしびれるように振動する。平戸橋、越戸は一気に通過したとき、Cがつぶやいた。「越戸への貨物は一月に一回あるかなしかだなー」Mが「寂れる一方だ！」と悲しげな顔でうなずく。やがて前方に梅坪HS。「場内ヨシ！」Mは窓を開け、片手にタブレットを持って前方を注視する。「進行！発条ヨシ」ホームには緑色旗をかかげ、片手にはタブレットを持った駅長さんが佇んでいた。タブレット交換。「一種マル！」梅坪を出てまもなく、往路に通った路地裏に踏み込む。家々は列車にふれるくらいに線路まで近づき、やたら踏切が多い。Mの目も一段と厳しく輝き『フィーフィポー』とホイッスルがせわしく鳴らされる。誰か飛び出して来はしないかと、デキも慎重な足取りとなる。

　豊田市通過。M、C同時に窓を開け放つ。Mはタブレット片手に身を乗り出し、Cはホーム監視に全神経を集中する。

復路2　豊田市→三河知立

　豊田市でタブレット区間は終わった。あのあわただしさからやっと解放されるが、ただ信号に従うだけというのも、ちょっと寂しい気もする。こんな解放感も束の間、背丈の高い草むらから、不意に人が線路を横切る。この瞬間、既にMの手はホイッスルのヒモを引いていた。突然の出来事はM台の緊張感を一気に高め、会話は途切れたまま、誰一人として口を開こうとしない。

三河広瀬駅。ポイント係配置。
◎1978（昭和53）年10月、撮影：鈴木雅晴

土橋駅で貨車の入換。◎1978（昭和53）年10月、撮影：鈴木雅晴

　土橋1番入線。停車して即座に貨物を解放し、入換が始まる。広いヤードにこだまするホイッスルの響きを聞きながら、一足先に私は一服させてもらう。やがて入換を終えたデキが戻り小休止。終点まであと少しの道程だ。発車が待ち遠しい。「進行！」現車7両、重苦しいモーター音が響くがなかなか加速してゆかない。竹村、若林、八橋と後にする。一面に広がる稲田にホイッスルが響き渡る。終点はもう間近。デキもそれを感じたのか、急に軽やかな足取りとなる。しかし、尻の痛くなるような揺れは以前のままである。家が急に多くなってきた、三河知立はもうすぐだ。「場内進行！」丁寧にブレーキを使って三河知立1番線に滑り込む。これからが忙しい。この仕業の最後に、まるでパズルのような入換が待っているのだ。MとC　はここから15分ぐらい歩いて知立乗務区へ帰り、終了点呼を受けるという。MとCの後ろ姿には強度の緊張から解放された安堵感と、無事故で仕事を終えた満足感が感じられた。

　私は、この列車追跡をルポルタージュ式に行ってみた。自分の想像や感情を取り入れることは極力避け、人とのふれあいの少ない、いわば機械的な流れとなる貨物列車の生態をこまめに表現することが第一の目的だったのである。

　添乗を終えて思い浮かぶことは、まず安全に対する重苦しいほどの緊張感、そして劇的な情景の少なさ、これは自分の描いていた貨物列車のイメージに近かった。さらにはポツリポツリとつぶやかれた乗務員のことばと、のんびりした列車行路に、何かしら、懐かしさのあるローカル線の雰囲気が感じられる。

　この43列車は、今日も元気で走っているだろう。その走る姿には、どこか言い知れぬ涙ぐましさえ感じられるのだ。

補足（清水・記）

　本稿は1979（昭和54）年の『鉄道ジャーナル』No.153に後輩の鈴木雅晴君が寄稿した記事を再録したものである。三河鉄道以来の貨物路線であった三河線も1977（昭和52）年の衣浦臨海鉄道の開通を期に海線（碧南方面）の貨物は廃止され、山線の貨物だけが細々と残っていた時代である。貨物営業末期の入換要員には、海線は碧南幹事駅、山線は豊田市幹事駅の要員が列車に乗りまわり担当した。このルポは名鉄貨物の末期の姿であり、一駅で何回も入換をする姿は過去のものとなった時である。

　この当時の三河線の列車ダイヤを見ると、貨物列車は刈谷～三河広瀬間に1往復（43・42列車）、刈谷～猿投間に1往復（45・44列車）の計2往復が設定されていた。ルポの43列車は刈谷8：56発、三河広瀬10：52着、折返しの42列車は、三河広瀬11：00発、三河知立12：24着だった。

土橋駅で貨車の入換。デキ401を連結。
◎1978（昭和53）年10月
撮影：鈴木雅晴

三河・挙母線を行くシキ（大物車）

　かつて、道路が未整備であった時代、重量嵩高貨物の輸送は鉄道の独壇場であった。特に昭和30年代の名鉄では、西枇杷島の明電舎名古屋事業所が毎月のように変圧器を発送しており、国鉄のシキ40形や60形が西部線を頻繁に走行している。また、トヨタ自動車工業へは大型プレスなどの設備搬入があり、巨大な大物車も時折入線している。写真は1959（昭和34）年11月に、刈谷駅で撮影されたシキ140。日立製作所の私有貨車で、4－4軸の台車を持つ大物車である。貨物課の記録によると着駅はトヨタ自動車前とあり、新造されたばかりの135 t 積の低床梁（A梁）を用いて、本社工場への電気設備を輸送する途中なのであろう。

雨の中、刈谷駅で発車を待つシキ140A。トヨタ工場へ電気設備を輸送中か。◎1959（昭和34）年頃、名鉄資料館所蔵

　1959（昭和34）年8月に撮影された、挙母線・三河線を往くシキ300。同車も日立製作所の私有貨車で、6－4軸の複式ボギー台車を持ち、175 t 積の低床梁（A梁）と210 t 積の吊掛梁（B梁）を備える。本車の6軸台車は鉄道用の台車としては唯一無二のものだった。

トヨタ本社工場から帰途のデキ301と日立製作所のシキ300B。◎上挙母～トヨタ自動車前、1959（昭和34）年8月、撮影：白井昭

写真は吊掛梁を装備して回送中の姿であるが、貨物課の資料によれば桜島からトヨタ自動車前にプレスベットを輸送した帰途である。国鉄の緩急車が連結されているが、これは積車時の係員添乗用と思われる。後部台車の上に鉄道係員のほか4人が乗っているが、帰路ゆえ荷台で涼をとっているのであろう。

前頁下と同じ列車、上挙母で折返したので、ワフの位置が前。添乗中の係員が荷台で涼んでいる。
◎三河線竹村、1959（昭和34）年8月、撮影：白井昭

同上。同じ列車を追い越して撮影。デキ301と日立製作所のシキ300 B。◎三河知立付近、1959（昭和34）年8月、撮影：白井昭

1962（昭和37）年10月にトヨタ自動車前の側線で撮影されたシキ170。同車は東京芝浦電気の私有貨車で、製造も東芝である。4ー4軸の複式ボギー台車を持ち、当時は135 t 積の低床梁（Ａ梁）と170 t 積の吊掛梁（Ｂ梁）で運用されていた。貨物課の資料によると桜島からプレス機械を搬入した帰路で、デキ305が積車のまま工場構内まで引き上げたのであろう。それにしても本線に比して軌道の貧弱だったとされる三河線によく入線できたものだと思う。

トヨタ自動車の本社工場横で待機する東芝のシキ170B。◎トヨタ自動車前、1962（昭和37）年10月、撮影：白井昭

トヨタ自動車前駅へ戻ってきたシキ170B。挙母線にも大物車が入線した。
◎トヨタ自動車前、1962（昭和37）年10月、撮影：白井昭

（6）挙母線

　三河線上挙母からは挙母線が分岐していた。同線には一般貨物はほとんどなく、大工場への原材料輸送がほとんどを占めたのが特徴だった。途中のトヨタ自動車前駅は、文字通りトヨタ自動車工業本社工場の前で、同駅から工場への引込線もあり、工場の設備や材料を輸送した。終点の大樹寺からは日本レイヨンへの専用線が伸びており、タンク車による薬品輸送が盛んに行われている。専用線が交差する国道248号には踏切が設けられ、列車が一時停止をして乗務員が踏切を操作したという。

　だが、挙母線は国鉄岡多線（現・愛知環状鉄道）の建設により存在意義を失うことになる。1971（昭和46）年にユニチカ（旧日本レイヨン）の貨物線が北岡崎接続につけかえられ、最後はプレス屑をトヨタ自動車前から聚楽園の愛知製鋼（トヨタ系）へ輸送する列車だけが残ったが、1973（昭和48）年に線路用地を岡多線に譲渡するため挙母線が廃止されることになり、この輸送も終了した。

上挙母に向かう挙母線の貨物列車。デキ300形が牽引。右後方に見えるのはトヨタ自動車の本社工場。
◎上挙母～トヨタ自動車前、1959（昭和34）年11月、撮影：白井昭

デキ601が牽引する挙母線の貨物列車。◎三河岩脇～岩津、1968（昭和43）年6月、撮影：市川満

大樹寺からユニチカ（旧日本レイヨン）の工場に向かう専用線をデキ401が走る。岡多線（現・愛知環状鉄道）の交差部から見る。
◎ユニチカ引込線、1971（昭和46）年、撮影：市川満

ユニチカ（旧日本レイヨン）の工場から出てきたデキ303。大樹寺に向かう。◎ユニチカ引込線、1971（昭和46）年、撮影：市川満

（7）神宮前駅の変遷（変遷図はP8参照）

　愛知電気鉄道（愛電）は、名鉄の母体となった二大会社の一つである。最初の路線は神宮前〜常滑間に計画され、用地買収などの関係で中間の（熱田）伝馬町〜大野町間が1912（明治45）年2月に開業した。

　神宮前駅は愛電のターミナルとして1913（大正2）年8月31日に開業した（神宮前〜常滑間全通）。駅は東海道本線の東側にでき、ホームも駅舎も東側にあった。東海道本線を乗り越した東側に駅を作ったのは、名古屋市内（東陽町＝矢場町の東）へ乗り入れる計画と、有松・知立方面への延伸計画があったためであるが、神宮前駅の南で熱田運河と東海道本線を跨ぐ全長140mの跨線橋を架ける大工事が必要になり、創業初期の経営を圧迫した。

　東海道本線の西側には熱田（姥子川）運河があり、愛電の駅用地が確保できなかったことも、東側に駅ができた要因の一つと思われる。愛電から降りたお客は、東海道本線の御田踏切を渡り、運河に架かる御田橋を渡り、西側を走る市内電車に乗り換え名古屋中心部へ向かった。

　愛電は、神宮前〜常滑全通に備え、電車の増備と貨車30両を新造し、熱田駅との貨車連絡設備の完成を急いだ（名古屋鉄道社史）。連絡線は1913年9月に完成し、12月から貨車の直通連帯運輸を開始した。

　1917（大正6）年3月19日には、後の名古屋本線となる有松線（神宮前〜有松裏）が開通した。

1921（大正10）年頃の神宮前駅と愛知電気鉄道本社（中央左の2階建）。手前は東海道本線の御田踏切。◎名鉄資料館所蔵

　東海道本線の西側にあった熱田運河は、熱田港と熱田駅を結ぶ海陸連絡施設として1896（明治29）年に建設され、重要な役割を果たしたが、1907（明治40）年に名古屋港が開港し、さらに名古屋駅〜名古屋港駅の臨港貨物線が開通したことで、その役目を終えつつあった。

　愛電は豊橋線の建設にあたり、有松線の線形の悪さが高速運転のネックになると考え、天白川以西を東海道本線の西側に付け替えて常滑線とともに国鉄熱田駅に乗り入れる計画を進めた。そのための用地として1922（大正11）年10月に熱田運河の埋立を出願し、新線についても1924（大正13）年10月25日に免許を受けた。熱田運河の埋立は昭和初期に行われたが、その間に進展した都市化のため、付け替え計画には膨大な費用がかかることが予想された。その一方で旧有松線の線形改良を行い、運転上のネックが解消されつつあったことから、計画は事実上放棄され、1934（昭和9）年には東海道本線西側に駅舎を新築、ホーム間に跨線橋を建設した。

　常滑線の開業時は単線だったが、輸送増に伴い順次複線化した。しかし、東海道本線と名鉄本線を跨ぐ跨線橋は単線のままで輸送上の隘路になっていた。1941（昭和16）年12月に太平洋戦争が開戦すると、名古屋南部の軍需工場への工具輸送が激増した。そこで1942（昭和17）年7月に付け替え線の免許と熱田運河埋立地を活用し、伝馬町〜神宮前（西）駅間を複線で建設し櫛形ホーム2面3線を使用開始し、常滑線の旅客列車を西駅発着とした。

神宮前航空写真。東海道本線を挟み、右（東）に神宮前駅のホームがあり、常滑線が単線で本線と東海道本線を跨いでいた。東海道本線左（西）は神宮前西駅ホームとヤードもあり、昔の神宮前付近の状況がよく分かる。現在は風景が一変した。
◎1955（昭和30）年頃、名鉄資料館所蔵

　1943（昭和18）年4月の神宮前駅配線図を見ると、神宮前（西）駅は旅客用で、国鉄（省線）との連絡線や貨物側線はなかった。神宮前（東）駅の名古屋寄りに貨物ヤードと省社連絡線があり、貨物列車は従来通り神宮前（東）駅発着で、貨車の授受も神宮前（東）駅で行った。

　1944（昭和19）年9月に新名古屋～神宮前の東西連絡線が開通し、岐阜～名古屋～豊橋の線路がつながった。これに伴い、国鉄（省線）との貨車の授受が神宮前の北から神宮前（西）駅側へ移転し、神宮前（西）と伝馬町に貨物ヤードができた。当時の貨物担当者の話では、戦争末期には東名古屋港一帯で製造された軍用品が多過ぎて両ヤードと熱田駅でさばききれなくなり、国鉄の臨港線と中央線の分岐点近くの露橋にヤードを作り、名鉄で運んできた貨車を一旦留置したということである。

　愛電開業時に出来た伝馬町駅は戦災に遭い、営業を再開することはなかったが、東西の神宮前駅への分岐点となる伝馬町信号場として1965（昭和40）年まで残された。

　1946（昭和21）年7月の列車ダイヤを見ると、常滑線の電車は全て神宮前（西）駅発着になっている。昭和24年入社の元社員に聞くと、常滑線は神宮前（西）駅がターミナルで、本線への直通はなく別会社のようだったということである。

　1950（昭和25）年7月以降、常滑線から神宮前（東）経由本線へ直通する列車が増え、昭和29年の名鉄百貨店開業後は、百貨店利用客を増やすために常滑線から新名古屋へ直通する電車を増発した。1955（昭和30）年9月のダイヤでは、ほとんどの電車が新名古屋へ直通し、神宮前（西）駅発着は朝・夜ラッシュ時の約半数の電車のみとなった。

1962（昭和37）年12月に名古屋本線と東海道本線を跨ぐ複線の跨線橋が完成し、翌年のダイヤ改正以降は、神宮前（西）駅は貨物専用となる。その後も西駅付近は、東名古屋港付近の臨海工業地帯の貨物を常滑線経由で国鉄熱田駅へ中継する基地として賑わった。1963（昭和38）年３月のダイヤでは、神宮前（西）を発着する常滑線の定期貨物列車は１日24往復も運転され、そのうち16往復は築港線へ直通した。

　1965（昭和40）年の名古屋臨海鉄道開業により、築港線に接続する専用線は名古屋臨海鉄道管理となり、常滑線の貨車連絡も神宮前（西）-熱田接続から、東名古屋港-名古屋臨海-笠寺接続に変更され、貨物列車は激減した。神宮前（西）駅の使命は終わり、伝馬町信号場～神宮前（西）間は廃止され、西駅付近の貨物側線も撤去された。

神宮前東駅を出発し、単線の跨線橋を渡る3重連の貨物列車（機関車回送を兼ねた）。当時の常滑線貨物列車は西駅発着なので、東駅を出た貨物は、伝馬町信号場で折返し、西駅で組成し直し、常滑線へ出発した。跨線橋をまたぐ貨物列車を名鉄社内では「山越」と呼んだ。◎1957（昭和32）年12月、撮影：白井昭

神宮前西ヤードで発車を待つデキ501牽引の常滑線貨物列車。東海道線の向こう側に神宮前東駅の留置線があり、3400系などが停車。◎1956（昭和31）年11月、撮影：白井昭

神宮前西ヤードで発車を待つデキ602牽引の常滑線貨物列車。隣に到着した貨物列車が停車しており通風車を連結。
◎1958（昭和33）年8月、撮影：白井昭

神宮前西ヤードで国鉄・名鉄間の貨車の授受を行った。熱田駅にはC58形が常駐、名鉄のヤードへ入り入換作業。
◎1958（昭和33）年12月、撮影：白井昭

神宮前西駅ホーム端から南を見る。左は築港線から到着したタンク車主体の貨物列車。その向こうに出発した貨物列車の後ろ姿も見える。◎1956（昭和31）年3月、撮影：白井昭

伝馬町信号場を通過する貨物列車。左へ分岐する線路が単線跨線橋を渡り神宮前東に到達する開業時の常滑線。国道1号線との立体交差化前の姿。◎1955（昭和30）年8月、撮影：白井昭

神宮前西～伝馬町ヤード間の秋葉踏切で貨車の入換。右の線路は国道1号線立体交差化後の常滑線で、勾配を上がった所に伝馬町信号場があり、神宮前東へ向かう線路が手前右方向へ分岐していた。◎1956（昭和31）年12月、撮影：白井昭

同上。国鉄のC50形が入換作業中。◎1956（昭和31）年12月、撮影：白井昭

神宮前西を出発し、築港線に向かうデキ501牽引の貨物列車。勾配を上った所に伝馬町信号場（東駅への線が向こう側へ分岐）があり、その先で国道1号線を跨ぐ。手前は伝馬町ヤードへ向かう線。◎1957（昭和32）年12月、撮影：白井昭

伝馬町ヤードに停車中のデキ402。常滑・築港線の貨物用に立派なヤードがあった。国道1号線との立体交差化前で、右の線路が常滑線。◎1955（昭和30）年8月、撮影：白井昭

伝馬町ヤードに停車中のデキ378と貨車群。◎1960（昭和35）年頃、名鉄資料館所蔵

東海道本線・名鉄本線を跨ぐ複線跨線橋完成直前の切換工事中の写真。高架線が伝馬町信号場と神宮前東を結ぶ複線の新線。右は
伝馬町信号場と神宮前西を結ぶ線で、この後単線化。デキ603が神宮前西〜伝馬町ヤード間の入換作業中。
◎1962（昭和37）年12月、撮影：白井昭

神宮前の東には日本車輌の本社があるが、1972（昭和47年）までは工場を併設していた。工場と国鉄線の間に名鉄線が横切っていたので、日車で完成した鉄道車両は下図太線の経路のとおり、駅の南で常滑線と本線を横断し、東海道線東側の側線から国鉄へ引き渡された。日車の隣には中京倉庫があり、そこへ出入りする貨車も1975（昭和50）年頃まで同じルートで入換をした。

　神宮前駅は、1984（昭和59）年8月に方向別の配線変更が行われ、1番線-本線下り（名古屋方面）、2番線-常滑線（名古屋方面）、3番線-常滑線（太田川方面）、4番線-本線上り（豊橋方面）となった。また、1994（平成2）年4月に神宮前～金山間の複々線化が完成し、現在の配線となった。

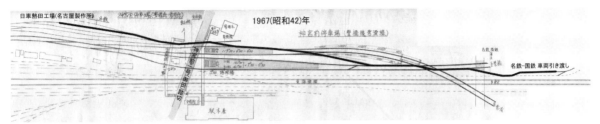

神宮前駅配線図。1967（昭和42）年1月調査図に、日車の新車の搬出ルートを太線で記入

名鉄電車の車窓から見た日本車輌の本社（熱田）工場。5500系を製造中。◎神宮前、1959（昭和34）年3月、撮影：白井昭

日本車輌から国鉄ワム70000形が出場。◎神宮前、1960（昭和35）年6月、撮影：白井昭

「あさかぜ」用のブルートレイン客車が出場。◎神宮前、1958（昭和33）年9月、撮影：白井昭

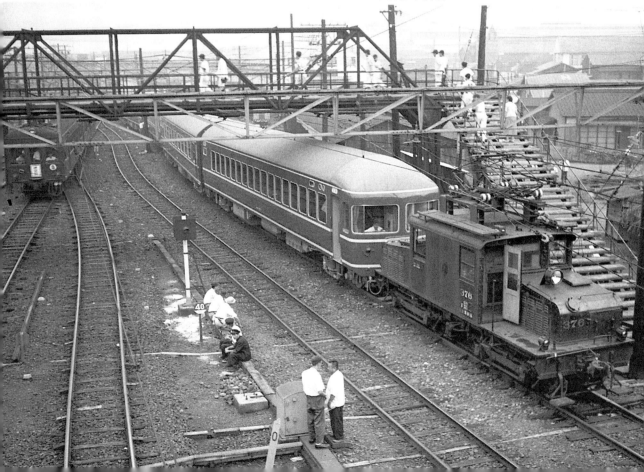

名鉄のデキ374に牽引され、国鉄のEF65形が出場。◎神宮前、1966（昭和41）年8月、撮影：白井昭

国鉄タキ3000形が出場。
◎神宮前
1955（昭和30）年11月
撮影：白井昭

国鉄のDD13形と営団地下
鉄丸ノ内線の新車が出場。
◎神宮前
1960（昭和35）年3月
撮影：白井昭

除雪用ディーゼル機関車DD15形を、常滑線・名古屋本線を横切り、神宮前駅南の国鉄連絡側線へ輸送。
◎神宮前、1964(昭和39)年10月、撮影：白井昭

神宮前の南東にあった国鉄との貨車の授受側線。新車の石炭車セラ1形が待機中。左が東海道本線。
◎神宮前
1957(昭和32)年12月
撮影：白井昭

神宮前の北に日本車輌の工場と日車側線があり、更にその北側に中京倉庫の引込線があった。
◎神宮前
1958(昭和33)年9月
撮影：白井昭

輸出用SL輸送

　神宮前駅からの特異な輸送品に輸出用車両があった。当時は神宮前駅東構内に隣接して日本車輌の本社工場があり、その構内側線は神宮前駅構内と繋がっていた。工場で製造された輸出用車両は、輸出用岸壁のある東名古屋港駅の6号地埠頭から出荷された。そこには日本車輌の専用クレーンがあり、ここから重量運搬船に積み込んだ。重量運運搬船と言えば、筆者(清水)の中学生時代に、父親が重量運搬船の司厨長という友人が居り、真偽は別にして日本で機関車を運べる船は父親の乗る「関東丸」だけだと自慢していた。当時はインド・パキスタン向けの蒸気機関車の製造が最盛期を迎えていた。機関車はメーターゲージのため大物車による乙種輸送となり、日車構内で輸出用機関車を大物車(シキ)に積み込み、築港線貨物列車に組み込まれて東名古屋港まで運んだ。なお、この大物車はシキ1と名乗るが、車籍の有無は確認できていない。

日本車輌の私有貨車シキに乗った輸出用のSL。これから東名古屋港の岸壁へ輸送される。
◎神宮前、1956(昭和31)年11月、撮影:白井昭

神宮前東駅を出発し、伝馬町信号場で折返し、神宮前西駅に向かう。両側にデキを連結。
◎神宮前、1956(昭和31)年11月、撮影:白井昭

神宮前西駅で入換中。組成し直して東名古屋港に向かう。◎神宮前、1956（昭和31）年11月、撮影：白井昭

SL輸送列車が国道1号線の上を越す。右へ向かう列車なので左端のデキは後補機。高架橋の下に伝馬町ヤードが見える。
◎神宮前～道徳、1956（昭和31）年11月、撮影：白井昭

東名古屋港岸壁に到着したシキ上のSL。線路のすぐ向こう側が海。◎東名古屋港、1956（昭和31）年11月、撮影：白井昭

クレーンで吊り上げられたSL。◎東名古屋港、1956（昭和31）年11月、撮影：白井昭

（8）常滑線

　常滑地区は土管等の窯業が主要産業として有名である。

　常滑駅は1982（昭和57）年1月までは貨物を取り扱い、旅客ホームは1面1線だけで、貨物積込みホームが5線ある貨物駅のような構内で、貨物ホームや構内は土管であふれていた。また国鉄も名古屋鉄道管理局がポ300形やポム1形など陶器車を用意し、常滑線や三河線に配車した。知多半島では玉ねぎ等農産品も多く、珍しい社有の通風車も存在した。常滑駅は貨物廃止後、貨物用地を使い旅客ホーム2面3線の立派な駅になったが、空港線建設のため2002年1月〜2003年10月まで営業休止し、2003（平成15）年10月から2面4線の高架駅に生まれ変わった。

　また、挙母線のトヨタ自動車前と聚楽園の愛知製鋼との間にプレス屑の線内輸送があり、社有無蓋車を用いて1972（昭和47）年まで続いた。

神宮前南の名古屋本線下り線から上り線を横断して常滑4番線へのルートを行く貨物列車。トヨタ自動車前から聚楽園までのスクラップ列車の運転ルートであった。◎神宮前、1964（昭和39）年10月、撮影：白井昭

　常滑線は、多くの駅で貨物扱いを行い、1963（昭和38）年には、常滑、多屋、大野町、新舞子、寺本、尾張横須賀、太田川、聚楽園、大江、山崎川（貨物駅-後述）、神宮前（西）で貨物を取り扱った。多屋駅は常滑から0.7kmしか離れていないが、貨物の多い常滑駅を補完する役割があり、常滑〜多屋間に不定期貨物が1日6往復設定されていた。1972（昭和47）年までに多くの駅で貨物扱を廃止し、それ以後に残った常滑を1982（昭和57）年に廃止し、太田川〜常滑間の貨物列車が廃止された。最後は、大江、聚楽園、太田川の3駅が残り、名鉄の貨物輸送全廃の1983（昭和58）年末まで貨物扱いを続けた。

　なお、1965（昭和40）年8月に名古屋臨海鉄道が開業し、同年9月に国鉄熱田-神宮前（西）で行っていた常滑線の貨物の国鉄線への授受が、国鉄笠寺-（名古屋臨海鉄道-東港-名電築港）-東名古屋港経由に変更となった。そのため、常滑線の貨物列車は、大江で折り返して築港線を走るようになった。

大江に停車中の常滑線貨物列車。常滑線の貨物列車は、1965（昭和40）年以降、築港線、名古屋臨海、笠寺経由で国鉄継送となったので、大江で折り返すようになった。◎1974（昭和49）年6月、撮影：田中義人

1963（昭和38）年3月のダイヤ（貨物輸送ピーク）の、常滑線定期貨物列車本数
神宮前を発着する常滑線の貨物列車は1日24往復もあり、そのうち16往復は築港線へ直通した。
神宮前（西）～24～大江～7～太田川～4～常滑
　　　　　　　　　　　　　┗━━➤河和線～1～河和
　　　　　　┗━━➤築港線～16～東名古屋港
1974（昭和49）年9月のダイヤでは　（+は不定期列車）
神宮前～1＋1～大江～4～聚楽園～3～太田川～2～常滑
　　　　　　┗━━➤築港線～6～東名古屋港
1965（昭和40）年以降、常滑線の貨物の国鉄線への授受が、笠寺-（名古屋臨海鉄道-東港-名電築港）-東名古屋港
経由となった。

国道1号線の高架橋を行くデキ400形牽引貨物列車。高架橋の向こうに伝馬町ヤードが見える。
◎神宮前～道徳、1956（昭和31）年11月、撮影：白井昭

大江川を渡るデキ501牽引の貨物列車。◎大江～大同町、1958（昭和33）年12月、撮影：白井昭

天白川橋梁を渡るデキ901牽引の貨物列車。◎柴田～名和、1961（昭和36）年4月、撮影：白井昭

1961（昭和37）年に架け替えられた天白川橋梁を渡るデキ601牽引の貨物列車。
◎柴田～名和、1983（昭和58）年2月、撮影：服部重敬

伊勢湾台風被災後の復旧作業に活躍するデキ111。◎柴田～名和、1959（昭和34）年11月、撮影：白井昭

「大デキ」重連で太田川駅を出発する下り貨物列車。◎1960（昭和35）年10月、撮影：白井昭

海岸沿いを走るデキ601の貨物列車。◎朝倉～古見、1961（昭和36）年8月、撮影：白井昭

海岸沿いを走るデキ604の貨物列車を俯瞰。◎長浦～日長、1961（昭和36）年8月、撮影：白井昭

長浦海水浴場の名物タコのオブジェが貨物列車を見守る。◎長浦、1961（昭和36）年8月、撮影：白井昭

海岸沿いを走るデキ401の貨物列車。◎朝倉〜古見、1961（昭和36）年8月、撮影：白井昭

パノラマカー展望席から見た多屋駅。一つ先が終点常滑で、貨物扱いが多い常滑駅を補完する役目があった。
◎1968（昭和43）年7月、撮影：白井昭

常滑駅で入換中のデキ604。右には土管の山が、左には伊奈製陶（INAX）の工場があった。◎1968（昭和43）年6月、撮影：白井昭

常滑駅で貨車へ土管積込み作業。ホームには大量の土管が高く積まれていた。遠くには常滑焼の煙突が見える。
◎1961（昭和36）年、名鉄資料館所蔵

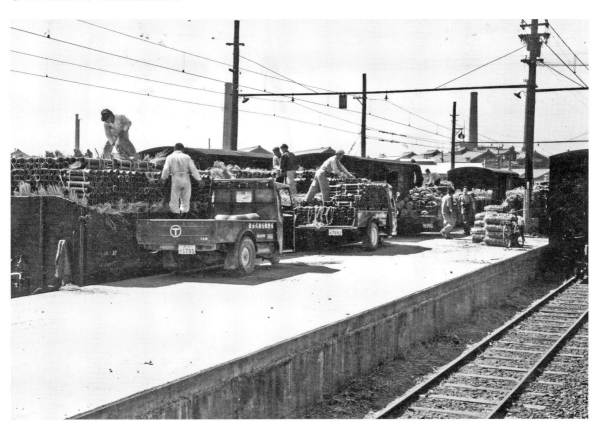

貨物ホームからもトラック横付けで土管積込み作業。◎常滑、1960（昭和35）年、名鉄資料館所蔵

山崎川貨物駅

　常滑線の大江駅の北、山崎川北側に山崎川貨物駅（1932（昭和7）年開設）があり、貨物側線がカーブして川岸へ延びていた。機帆船から石炭をト、トム車に積み替え、常滑線各駅に送り出していた。今、線路跡は昔の曲線のまま道路となっている。

　1963（昭和38）年のダイヤで見ると、常滑線の神宮前（西口）～大江間の貨物列車は全て山崎川（貨物駅）を通過し、大江～山崎川（貨物駅）間0.6kmに6往復の不定期貨物が設定されていた。運転上も特異な扱いをしていて常滑線の本線上の普段は閉塞信号機扱いの信号機を、貨物扱いの際には絶対信号機の場内信号機として貨物駅扱いをした。信号機の自動識別標識は一般の標識が白丸の鉄製だったが、この信号機は、点滅式で、閉塞信号機の時は点灯し、場内信号機扱いの時には表示しない方式だった。場内信号機扱いの際は停止信号である限り、許容運転はできない仕組みだった。この切り替えは大江駅で扱い、上り線は大江駅が近くその上り出発信号機が兼ねていたと思う（運転取扱心得の原本が見つからず残念）。下り線側には日清紡績、上り線側には新美煉炭と日本石油輸送の側線があった。山崎川での貨物扱いは1972（昭和47）年に廃止された。

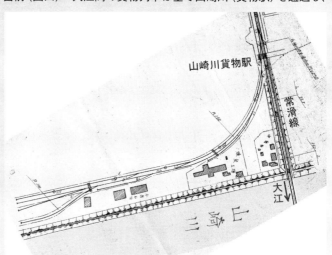

山崎川貨物駅の地図。山崎川のすぐ北側に貨物駅があった。

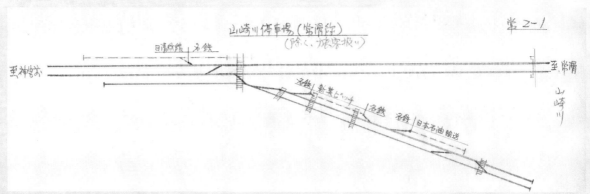

山崎川貨物駅配線図。
◎1967（昭和42）年1月作成
名鉄資料館所蔵

伊勢湾台風直後。デキ400形が水没。左に別れる線が山崎川貨物駅。
◎1959（昭和34）年9月30日
名鉄資料館所蔵

（9）築港線

　現在の築港線は大江～東名古屋港間1.5kmとなっているが、貨物扱をしていた頃は、その0.4km奥（西）に東名古屋港（貨物）駅があり、旅客用の（現）駅は、ダイヤ上、東名古屋港東口と称した。

　その旅客駅の0.4km東（大江方）に名電築港（貨物）駅があり、臨港地帯の7・8・9号地へ向かう貨物線（愛知県有の非電化路線で、名鉄が委託を受けて運行）と平面交差していた。この貨物線は1965（昭和40）年に名古屋臨海鉄道へ移管されたが、現在も平面交差は残り、名鉄の新造車や輸出車両などは、この貨物線を通り搬入される。

　築港線沿線は工場地帯で、旅客列車は昔から朝夕のみの運行だったが、日中戦争勃発以来、三菱重工業名古屋航空機製作所の従業員が激増し、単線のままでは通勤列車の増発が難しくなったことから1939（昭和14）年に複線化された。

　終戦後のダイヤ（1946（昭和21）年7月、1957（昭和32）年10月）を調べると、築港線は単線でタブレット閉塞となっている。その当時の写真を見ると、複線であるが、北側の線路を走る列車の写真はない。1959（昭和34）年の伊勢湾台風で被災し、復旧の際に単線化されたと言われているが、実際にはそれ以前から単線（南側の線路）しか使われていなかった。北側の線路敷きは1991～2004（平成3～16）年の間HSST（リニモ）実験線の線路敷として活用された。

大江駅から築港線に直通するデキ501牽引の貨物列車。手前の線路は常滑線。◎1959（昭和34）年4月、撮影：白井昭

　1963（昭和38）年3月のダイヤ（貨物輸送ピーク）では、神宮前（西）～東名古屋港間には1日16往復と多くの貨物列車が設定され、その多くは名電築港駅から7～9号地の工業地帯の（愛知県有）貨物専用線へ継送された。1963（昭和38）年度の名鉄の貨物取扱量の駅別順位は、国鉄連絡駅を除けば1位が名電築港（132万t）、2位が東名古屋港（23万t）だった。（P264参照、名電築港駅には7～9号地の貨物を含む）

　増大する臨港部の貨物輸送対策として、1965（昭和40）年8月に名古屋臨海鉄道が開業し、7～9号地の貨物専用線（愛知県有で名鉄が運営を受託）を名古屋臨海鉄道へ移管し、同年9月に神宮前（西）-国鉄熱田駅で行っていた貨車の中継を、名電築港から名古屋臨海鉄道経由で国鉄笠寺駅中継に変更した。

このため、大量輸送を行っていた神宮前（西）～東名古屋港間の貨物列車が廃止され、代わりに常滑線（常滑・太田川・聚楽園など）の国鉄継送貨物が、常滑線～大江（折返し）～築港線～東名古屋港（折返し）～名電築港（折返し）～名古屋臨海鉄道～名臨海・東港（折返し）～国鉄笠寺のルートで輸送されるようになった。

　常滑線貨物列車が大江で折返すときの機廻し入換を省略するため、築港線内の貨物列車は両側に電気機関車（デキ）を連結して走行するようになった。これは貨物列車削減でデキに余裕が出来たためである。

1963（昭和38）年3月のダイヤ（貨物輸送ピーク）の、常滑線定期貨物列車本数
神宮前（西）～ 24 ～大江
　　　　　　　┗→築港線～ 16 ～東名古屋港
1974（昭和49）年9月のダイヤでは　（＋は不定期列車）
神宮前～ 1 ＋ 1 ～大江～ 4 ～聚楽園～ 3 ～太田川～ 2 ～常滑
　　　　　　　┗→築港線～ 6 ～東名古屋港
常滑線の貨物の国鉄線への授受が、神宮前から、築港線・名古屋臨海経由に変更

大江を出発したデキ402牽引の貨物列車。
◎大江～東名古屋港
1966（昭和41）年1月
撮影：阿部一紀

築港線を東名古屋港に向かうデキ603牽引の貨物列車。線路の上には高圧電線鉄塔が林立していた。
◎1958（昭和33）年5月
撮影：白井昭

東名古屋港から大江駅に向かう貨物列車。大江で折返し常滑線へ直通するため、後ろ側にもデキを連結。大江で手前のデキ302を切り放し、後ろの機関車が常滑線を牽引する。◎1983(昭和58)年4月、撮影:服部重敬

名電築港の平面交差を通過し大江に向かう貨物列車の後ろ姿。デキを両側に連結し、大江からの常滑線は手前のデキ604が牽引。◎1975(昭和50)年10月、撮影:佐野嘉春

東名古屋港東口（旅客駅）で出発を待つデキ400形牽引の貨物列車。手前は名古屋市電の線路。
◎1957（昭和32）年6月、撮影：白井昭

東名古屋港（貨物）駅から、並行する道路を横断し工場へ入る引込線があった。ここを通るときはロープで遮断機の代わりをした。
◎1975（昭和50）年10月、撮影：佐野嘉春

東名古屋港（貨物）駅を出発し、大江に向かう長大編成貨物列車の後ろ姿。◎1956（昭和31）年11月、撮影：白井昭

東名古屋港（貨物）駅の全景。上の写真の反対方向を見る。デキの右の建物が東名古屋港（貨物）駅の駅舎。◎1960（昭和35）年頃、名鉄資料館所蔵

東名古屋港（貨物）駅を俯瞰。線路の向こう側に農林省の倉庫が並んでいた。左が岸壁。◎1960（昭和35）年頃、名鉄資料館所蔵

貨物営業末期の東名古屋港（貨物）駅構内。末期はタンク車の入線が激減し、留置車両のほとんどが有蓋車である。
◎1982（昭和57）年2月、撮影：田中義人

（10）東名古屋港付近の貨物線

　築港線の東名古屋港付近は 6 〜 9 号地の埋立地が連なり、臨海工業地帯を形成している。2021年現在は名古屋臨海鉄道の休止線であるが、これらを結ぶ貨物専用線があり、1943 〜 65（昭和18 〜 40）年の間、名鉄は愛知県の委託を受け、築港線の名電築港（貨物）駅から 7 〜 9 号地の貨物輸送を行った。

東名古屋港付近の線路図

国土地理院-1958（昭和33）年5月の空中写真に、常滑線・築港線、貨物線を追記。大江川以南が愛知県有の専用線で、名鉄が運行委託を受けて貨物輸送を行っていた。昭和40年に開業した名古屋臨海鉄道東港駅の位置も記入。

　名古屋港の埋立は愛知県が行い、1926（大正15）〜 33（昭和8）年にかけて 7 〜 9 号地が完成する。当初の 8 号地は貯木場、9 号地は石油類の取扱埠頭として計画されており、県は付属施設として貨物専用線を敷設する。ただし、この専用線は名古屋港貨物線の東海通付近から分岐する鉄道省「東臨港線」と接続される計画で、先行投資として敷設したものであるが、肝心の「東臨港線」の工事が難航し、県の貨物専用線は有休状態にあった。

　その間、各埋立地には工場の進出が相次ぎ、省線との接続を特に軍部から要求されるようになる。そこで、1941（昭和16）年に名鉄が暫定的に接続することで話がまとまり、『名古屋臨海鉄道15年史』によれば、「昭和18年 8 月から名鉄大江駅経由、国鉄熱田駅において東海道線と接続した」と記載されている。

　国土地理院1939（昭和14）年発行の 1 万分の1地形図には大江川から潮見橋に至る県有鉄道の線路が記載されている。一方で1943（昭和18）年 4 月調査の名電築港駅の配線図には平面交差の貨物線の記載がない。この間の動向について「鉄道省文書」を確認すると、名鉄が愛知県の貨物専用線との接続を申請したのが1941（昭和16）年 1 月24日で、名電築港駅の設備変更と構外側線の敷設認可が下りるのは1943（昭和18）年 3 月 2 日のことで

あった。なお、工事の竣工届については添付がないが、一刻を争う状況下だけに、工事完成次第ただちに運輸開始と見て間違いはないだろう。

この貨物線は、現在では昭和町、船見町、汐見町の3駅に分かれる長大なものだが、当時は名鉄が運行委託を受け、名電築港（貨物）駅の構外側線として扱われていた。名電築港貨物停車場・構外側線平面図（名鉄資料館所蔵・昭和29年頃作成）によれば、財産分界点は大江川鉄橋で、鉄橋より北が名鉄、鉄橋以南が県有鉄道となっている。（右図参照）

昭和30年代（1955〜）には沿線の工場進出が進み貨物輸送量が増大、名鉄築港線・常滑線の輸送能力を超えることが想定されたので、名古屋臨海鉄道を設立、1965（昭和40）年8月に国鉄笠寺駅〜東港駅間で開業した。同時に名鉄が運行していた愛知県有の貨物専用線についても免許を受けて、営業線に編入した。これにより、名鉄は名電築港（6号地）から9号地に向かう県有鉄道（貨物線）の運行から撤退した。

名鉄が6〜9号地の貨物輸送を行っていた頃、1958（昭和33）年12月までは5548号を中心とした蒸気機関車により運行された。引退間際の5548号の活躍を白井昭氏が頻繁に撮影された。同年12月末からはディーゼル機関車DED8500形に置き換わり、DEDの活躍は、輸送を名古屋臨海鉄道に引き継ぐ1965（昭和40）年まで続いた。

昭和30年代の写真を6→9号地に向けて順に紹介する。

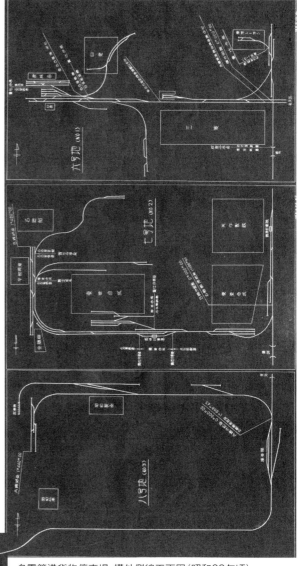

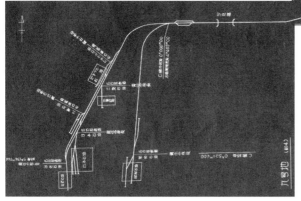

名電築港貨物停車場・構外側線平面図（昭和29年頃）
◎名鉄資料館所蔵

昭和18年4月調査の名電築港駅の配線図　◎名鉄資料館所蔵

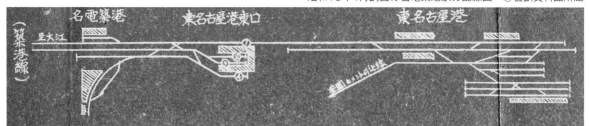

6号地。築港線平面交差のすぐ
北側にあった名電築港機関区。
県有貨物線を運行していた蒸
気機関車（5548号）などの基地
だった。右の線路の手前側で築
港線と平面交差。現在も平面交
差は残っている。
◎1958（昭和33）年4月
撮影：白井昭

名電築港を出て、7〜9号地へ
向かう貨物列車。複線だった
築港線と平面交差直後に、名
古屋市電（複線）と平面交差。
◎1958（昭和33）年12月
撮影：白井昭

日通のDB6や名鉄のDB3も市電の線路を横切る。◎1958（昭和33）年12月、撮影：白井昭

前頁の写真と同じ場所を逆方向から見る。名電築港に向かう貨物列車。現在もこの線を使って名鉄の新造車が搬入される。
◎1958（昭和33）年12月、撮影：白井昭

5548がバック運転で6号地から7号地へ大江川を渡る。◎1958（昭和33）年11月、撮影：白井昭

DB3とDED8589の重連が大江川を渡る。SL置き換えのためDEDが東名古屋港へ配属され、その訓練運転を兼ねて重連で運行された。◎1958（昭和33）年12月、撮影：白井昭

クレーンが林立する7号地の奥で、DED8500形が入換中。◎1959（昭和34）年、名鉄資料館所蔵

7号地の入換風景を上から見る。左の倉庫の左は海。◎1959（昭和34）年5月、名鉄資料館所蔵

7号地の東亞合成化学の工場前を5548が出発。◎1958（昭和33）年12月、撮影：白井昭

煙の向きからすると、5548が貨車を押している(推進運転)。8号地の入口付近と思われる。◎1958(昭和33)年11月、撮影：白井昭

8号地から7号地へ向かう5548の貨物列車。運河を渡る。◎1958(昭和33)年11月、撮影：白井昭

前頁の写真の逆方向から見る。8号地から7号地へ運河を渡る5548の貨物列車。◎1958（昭和33）年11月、撮影：白井昭

8号地ヤードを通り、9号地に向かうバック運転の5548。◎1958（昭和33）年12月、撮影：白井昭

8号地ヤードを通り過ぎ、9号地に向かう。前頁下の写真を撮った直後、逆方向を見て撮影。この右側に貯木場がある。
◎1958（昭和33）年12月、撮影：白井昭

8号地の貯木場の向こう側を走る5548の貨物列車。9号地の石油を6号地の名電築港へ輸送。
◎1958（昭和33）年12月、撮影：白井昭

左が海、右が貯木場の8号地の南端を走る。ここで90度向きを変え6号地（北）へ向かう。
◎1958（昭和33）年11月、撮影：白井昭

8号地から9号地に向かう列車。5548のバック運転。これから潮見橋を渡る。◎1958（昭和33）年12月、撮影：白井昭

9号地ヤードを出発し、潮見橋を渡る5548の貨物列車。石油満載のタンク車を牽引し渡橋のための連続勾配を上る難所だった。
◎1958（昭和33）年12月、撮影：白井昭

9号地ヤード。9号地の入口付近にあり、ここから石油タンクが並ぶ各製油所へ引込線が延びていた。
◎1965（昭和40）年8月、撮影：白井昭

9号地ヤードの奥。製油所からタンク車を牽引し9号地ヤードに向かう。この右側がヤードで、組成し直して6号地へ輸送する。
◎1958（昭和33）年12月、撮影：白井昭

石油タンクが並ぶ9号地の奥。この地方の重要なエネルギー基地で、タンク車で各地へ輸送された。
◎1959（昭和34）年5月、名鉄資料館所蔵

(11) 河和線

河和線（太田川～河和）は、愛電の系列会社の知多鉄道により知多半島の東側に建設されたが、既に国鉄武豊線が存在したため、戦前は知多半田で愛電連絡貨物を細々と扱うのみだった。

戦時体制下になると武豊と河和と結ぶ小運送が滞るようになったことや、海軍航空隊の設置もあり、1941（昭和16）年に知多武豊、富貴、河和口、河和での貨物営業を開始する。1952年には植大に都築紡績の専用線が設置され、この頃が河和線の貨物輸送の最盛期であった。1960（昭和35）年に知多半田の貨物扱が廃止され、植大も1968年に廃止、最後は武豊線の届かない河和での貨物営業が1970（昭和45）年まで残された。

1963（昭和38）年3月のダイヤ（貨物輸送ピーク）の、常滑線・河和線定期貨物列車本数

神宮前（西）～ 24 ～大江～ 7 ～太田川～ 4 ～常滑

┗➤河和線～ 1 ～河和

巽ヶ丘を走るデキ252牽引の貨物列車。河和へ向かう。◎1957（昭和32）年10月、撮影：白井昭

河和口を通過し河和に向かうデキ604牽引の貨物列車。河和口付近で海辺を走った。◎1961（昭和36）年6月、撮影：白井昭

河和口から河和に向かうデキ252牽引の貨物列車。◎1961（昭和36）年8月、撮影：白井昭

河和線と交差していた日本油脂専用鉄道

国鉄武豊駅に隣接して日本油脂の第1工場（現・衣浦工場西門）が、名鉄河和線を越えた約3km西には第2工場（現・武豊工場）があり、武豊駅と両工場を結ぶ3.1kmの日本油脂専用鉄道が存在した。国鉄武豊線は非電化であったが、この専用鉄道は1923（大正12）年の開業当時から電化されており、貨物輸送の他に工員輸送用の電車を所有し名古屋電気鉄道郡部線のデシ500形のうち1両が活躍したことでも有名だった。この専用鉄道は1986（昭和61）年に廃線となった。

日本油脂専用線の工員輸送列車が、河和線（当時単線）の下をくぐる。小型電気機関車＋客車（元・電車）3両の編成で、約3km離れた工場への通勤者を運んだ。1番手前が元・名古屋電気鉄道のデシ500形。
◎1961（昭和36）年12月
撮影：白井昭

日本油脂専用線の貨物列車。日立製の小型電気機関車が活躍した。
◎1961（昭和36）年12月
撮影：白井昭

（12）名古屋本線（西）

　名古屋本線の神宮前から西の神宮前〜枇杷島分岐点は、各線から乗り入れる列車の稠密区間のため、貨物列車は主に夜間に運転され、昼間はP46に掲載した不定期1往復のみ、基本は線内相互発着や継送駅を変更する貨物に限られた。貨物扱駅も、神宮前〜西枇杷島間にはなかった。

　名古屋本線（西）の貨物輸送は西枇杷島駅が基地であった。西枇杷島駅貨物室や、一時は貨物列車専門の西枇杷島乗務区も設けられ、西部地区の貨物列車の乗務を一元化したが、1961（昭和36）年5月に廃止され、各乗務区に移管された。各乗務区では旅客専門のグループとは別に貨物担当の運転士や車掌が存在したが、年々、電気機関車を操縦できる運転士が希少となり、各乗務区では事故発生時の救援列車出動の際には、救援車を牽引する電気機関車を操縦する適任者を選ぶのに苦労した。

　1950（昭和25）年のダイヤで見ると、西枇杷島〜新一宮（現・名鉄一宮）間に5往復、新一宮〜笠松間に1往復の定期貨物列車が設定されていた。西枇杷島、須ヶ口、国府宮、新一宮で貨物を扱い、新一宮で国鉄へ継送された。新一宮以北の本線には取扱駅はなかったが、竹鼻線の貨物輸送のために笠松まで貨物列車が運転された。

　1966（昭和41）年2月に西枇杷島・須ヶ口・新一宮と竹鼻線の貨物扱いを廃止し、本線（西）の貨物列車は廃止された。新一宮の国鉄継送も廃止した。

　なお、津島駅高架化工事の際、尾西線の貨物を輸送するため、森上〜新一宮〜西枇杷島〜津島〜弥富の迂回輸送が行われ、1967（昭和42）年12月〜翌年5月まで、一時復活した。

1963（昭和38）年3月のダイヤの、神宮前〜新岐阜間の貨物列車本数　（+は不定期列車）
神宮前〜1＋2〜西枇杷島〜7〜須ヶ口〜4〜新一宮〜1〜笠松　（下り列車本数、上りも同じ）
西枇杷島が西部地区の貨物の中心駅で、須ヶ口の貨物も西枇杷島経由で新一宮へ輸送したため、西枇杷島〜須ヶ口間の列車が見かけ上多い。車両基地が須ヶ口なので、デキの回送も行った。

西枇杷島駅構内から見た貨物駅。デキ378が停車中。この踏切の上には1935（昭和10）年に建設された古い枇杷島陸橋（自動車専用）があり、昔から交通の要衝だった。◎1965（昭和40）年12月、撮影：清水武

西枇杷島の貨物ホーム。この近くに青物市場があった。◎1965（昭和40）年12月、撮影：清水武

西枇杷島駅構内にあった施設（貨車区・貨物室）の表札。◎1965（昭和40）年12月、撮影：清水武

賑やかだった西枇杷島貨物駅構内。◎1962（昭和37）年頃、名鉄資料館所蔵

西枇杷島ヤードに停車中のデキ1501と貨車。貨物輸送全盛期の西部線は「小デキ」のみの運用だった。
◎1955（昭和30）年8月、撮影：白井昭

新川橋を通り過ぎ、須ヶ口に向かうデキ102牽引の貨物列車。◎1955（昭和30）年12月、撮影：白井昭

須ヶ口に到着するデキ801牽引の下り貨物列車。
◎1955（昭和30）年11月
撮影：白井昭

須ヶ口に到着するデキ1502
牽引の上り貨物列車。
◎1955（昭和30）年11月
撮影：白井昭

木曽川橋梁を渡り愛知県内に入ったデキ1502牽引の上り貨物列車。竹鼻線連絡列車は昼間の不定期1往復と夜間の定期1往復が
存在した。◎木曽川堤、1964（昭和39）年3月、撮影：藤井建

（13）犬山線

犬山線（枇杷島分岐点～新鵜沼間）では、1951（昭和26）年下期には、西枇杷島、西春、岩倉、石仏、布袋、古知野（現・江南）、柏森、扶桑、犬山、新鵜沼で貨物を扱い、鵜沼駅で国鉄へ継送していた。多くの駅で貨物扱いをしていたが、十分なヤードや設備のある駅は布袋駅以外にはなく、犬山線では早くに布袋へ集約された。

1952（昭和27）年に東洋紡績の工場から木津用水駅間の専用線（電化線）の輸送が始まった。荷主の東洋紡は電気機関車（デキ110形）を新造し新鵜沼までシャトル列車を運行、それなりに実績を上げた。

1963（昭和38）年３月のダイヤでは、西枇杷島～新鵜沼間に２往復、木津用水～新鵜沼間に３（＋１）往復の貨物列車が設定されていた（括弧内は不定期貨物）。当時は、岩倉、布袋、木津用水、犬山が貨物扱い駅だった。

岩倉・犬山の貨物扱いを1966（昭和41）年までに廃止し、木津用水の専用線輸送も1968（昭和43）年に廃止、布袋駅の貨物扱いは最後まで残り、名鉄の貨物輸送全廃の1983（昭和58）年末まで続いた。

1963（昭和38）年３月のダイヤの、犬山線の貨物列車本数　（＋は不定期列車）
西枇杷島～２～木津用水～５＋１～犬山～８＋２～新鵜沼　（下り列車本数、上りも同じ、犬山～新鵜沼は小牧線・広見線が合流）
1974（昭和49）年９月のダイヤの、犬山線の貨物列車本数　（＋は不定期列車）
布袋～１＋１～新鵜沼

デキ103が牽引する犬山線の下り貨物列車。後ろに転属するモ560形電車を連結している。
◎西春～徳重（現-徳重・名古屋芸大）、1959（昭和34）年４月、撮影：白井昭

デキ370形が牽引する犬山線の下り貨物列車。◎大山寺〜岩倉、1965（昭和40）年12月、撮影：清水武

布袋駅で入換をするデキ306。名鉄の貨物輸送の最終盤で、この数日後に名鉄は貨物輸送を廃止した。
◎1983（昭和58）年12月、撮影：寺澤秀樹

木津用水駅で発車待ちするデキ111牽引の下り貨物列車。この駅から東洋紡績の工場へ専用線が出ていた。
◎1958（昭和33）年3月、撮影：白井昭

犬山駅へ到着するデキ1501牽引の下り貨物列車。◎1964（昭和39）年9月、撮影：白井昭

犬山駅で入換中のデキ111。貨物ホームのある広い構内で、駅の東（右）には大日本紡績（現ユニチカ）の工場があり、600V線から工場内への引込線もあった。◎1955（昭和30）年8月、撮影：白井昭

犬山駅に停車中の犬山線貨物列車（デキ102）。小牧線昇圧直後で、広見線（一番右ホームとその右の側線）だけが600Vだった。この年、大日本紡績はニチボーに改称しており、煙突の塗装が新しい。◎1964（昭和39）年10月、撮影：白井昭

犬山駅構内北側に待機する709と1017。この当時、犬山線は1500Vで、小牧・広見線は600Vだったので、犬山駅構内の入換や、鵜沼～小牧線の貨物列車にSLが活躍した。◎1956（昭和31）年7月、撮影：白井昭

犬山橋を渡るSL貨物列車。小牧線直通列車は鵜沼からSLが牽いた。貨車は米軍所有のタキ3000形。
◎新鵜沼～犬山遊園、1955（昭和30）年8月、撮影：白井昭

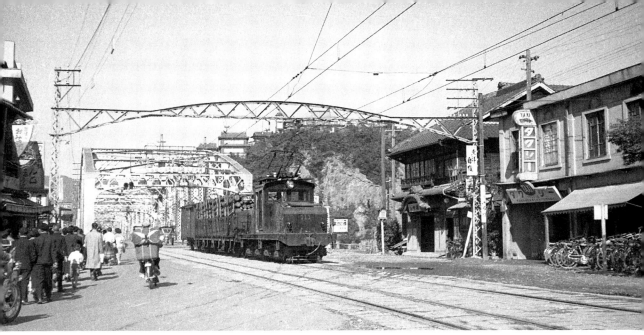

犬山橋を渡ったデキ111牽引の貨物列車。東洋紡犬山工場は当時、レーヨン用パルプの製造工場であり、写真は木津用水行きの原料木材輸送列車と思われる。◎新鵜沼～犬山遊園、1956（昭和31）年11月、撮影：白井昭

犬山橋を渡るデキ801牽引の貨物列車。
◎新鵜沼～犬山遊園
1965（昭和40）年2月
撮影：白井昭

国鉄鵜沼駅。デキ306が停車中の線路が名鉄新鵜沼と国鉄鵜沼駅を結ぶ連絡線。
◎1976（昭和51）年3月
撮影：佐野嘉春

国鉄鵜沼〜名鉄新鵜沼間の連絡線を走るSL貨物列車（小牧線直通）。この連絡線は貨車継送用の線だったが、このルートを使って「たかやま号」（→北アルプス号）の高山線直通運転が実施された。◎1955（昭和30）年7月、撮影：白井昭

国鉄鵜沼駅の側線でデキ111が貨車の授受入換。線路上を横断する名鉄・国鉄の乗り換え跨線橋。
◎1956（昭和31）年11月、撮影：白井昭

犬山成田山の参道の石柱

　犬山遊園駅の近くにある犬山成田山（正式名称：成田山名古屋別院大聖寺）は1953（昭和28）年11月に開創され、正面参道の石段は1955（昭和30）年11月完成した。この石段の手摺りの石柱は、本堂に向かって左側に164本（大25、小139）、右側に162本（大25、小137）ある。この石柱に寄進者名が彫られているが、当時盛んだった名鉄の貨物輸送の荷主のものが多く見られる。石柱（大）2本、（小）8本が貨物の荷主の寄進で、扱い量が多かった常滑・三河の荷主が大きい石柱（寄進額-大）を寄進している。

石柱（大）：常滑荷主協会、三河荷主組合連合会
石柱（小）：名鉄線通運業東芳会、同中央会、同同盟会、同連合会、同三河会
　　　　　　愛知県三河貨車組合、西笠松・竹鼻駅運送組合、名鉄美濃町・谷汲揖斐線運送組合

　犬山成田山の建立に際しては、広く支納金を勧募したが、名鉄も取引業者などに寄進を依頼し、当時盛んだった貨物輸送の荷主がそれに応えたと思われる。

　なお、犬山成田山は、交通安全にご利益があるため、名鉄が新車を製造したときは犬山成田山の御祈祷を受けている。

名鉄が勧進した犬山成田山の参道の石柱。貨物輸送全盛期の1955（昭和30）年に完成したので、貨物の荷主組合も石柱を寄進。
◎2021（令和3）年1月、撮影：松永直幸

(14) 一宮線

犬山線の枇杷島分岐点〜岩倉間は元々一宮線で、名電の名古屋〜一宮間のメインルートだったが、1935（昭和10）年に名岐線（現・本線（西））が全通し、一宮線は岩倉〜東一宮の支線に格下げされた。貨物扱い量は元々少なく、東一宮・浅野駅の貨物扱いを1960・62（昭和35・37）年に廃止し、最後は元小山駅への竹材輸送があった。この輸送は近所にあった竹細工工場への材料を混合列車で運んでいた。小生（清水）も実習中に岩倉駅から一宮線の混合列車に乗務したが、1965（昭和40）年、一宮線の廃止とともに姿を消した。

東一宮で出発を待つ貨物列車。貨物取扱いは1960（昭和35）年に廃止された。名電時代は貨物も賑わった同駅だが、国鉄尾張一宮駅が近いのに貨物があったのが不思議だ。◎1958（昭和33）年、撮影：白井昭

元小山駅の混合列車。元小山への竹材輸送は1965（昭和40）年の廃線まで残り、混合列車で輸送した。
◎1961（昭和36）年3月、撮影：白井昭

(15) 小牧線

　小牧線（犬山〜上飯田間）は戦前は貨物営業を行っておらず、豊山から小牧基地（終戦直後は米軍→自衛隊）へ約0.4kmの専用線を建設したのを機に、1951（昭和26）年2月18日から定期貨物列車の運転を開始する。その際、岩倉支線経由で行われていた小牧駅の貨物扱いについても小牧線経由に変更されている。

　新鵜沼から豊山（小牧基地）への石油輸送は、美濃太田機関区の国鉄蒸気機関車1017、1024を借用（後に購入）して実施されたが、のちにはDED8500形も入線した。朝鮮戦争（動乱）の終息後は一度中断したが、1961（昭和36）年4月に小牧空港への燃料輸送を復活するに際し、この貨物専用側線を電化した。また1955（昭和30）年7月、小牧〜豊山間3.0kmには翌年の小牧線全線のCTC化に先行してCTC化を実施した。

　1964（昭和39）年12月のダイヤでは、新鵜沼〜豊山間に2（＋1）往復の貨物列車が設定されていた（括弧内は不定期）。これも1968（昭和43）年には終了した。

　なお、犬山線は1948（昭和23）年5月に1500Vへ昇圧したが、小牧線は1964（昭和39）年10月、広見線は1965年3月に昇圧、その間は犬山駅構内で犬山線（1500V）と小牧・広見線（600V）と電圧が異なり、電車や電気機関車は（複電圧車を除き）直通出来なかったので、犬山駅構内の入換や、新鵜沼〜小牧線直通の貨物列車には蒸気機関車も使われた。

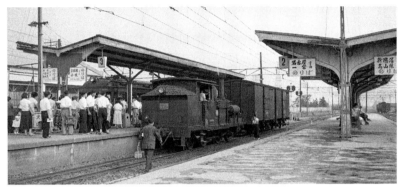

犬山駅での小牧線貨物列車。犬山線は1500V、小牧線は600Vだったので小牧線の貨物列車にはSLが使われた。小牧線の1500V化は1964（昭和39）年10月。◎1956（昭和31）年7月、撮影：白井昭

行き違い設備のあった頃の明治村口駅へ進入するデキ370形牽引の貨物列車。博物館明治村の開村で連絡バスの乗換駅となり1966（昭和41）年に羽黒→明治村口と改称、連絡バスが犬山発着となったので1985（昭和60）年に羽黒駅に戻った。◎明治村口、1968（昭和43）年4月、撮影：白井昭

楽田駅で交換待ちのDED8589。小牧基地からの帰りで冷蔵車を連結。◎1957（昭和32）年8月、撮影：白井昭

小牧駅に到着する1017牽引の貨物列車。小牧基地へ航空機燃料を輸送。◎1955（昭和30）年12月、撮影：白井昭

小牧駅構内で洗缶作業中の1017号機。◎1955（昭和30）年12月、撮影：白井昭

豊山から小牧基地に向かう専用線。ディーゼル機関車（DED8500形）の導入に伴い、SLを置き換えるための入線試験を行った。この専用線は1959（昭和34）年1月21日に一旦休止されたが、1961（昭和36）年4月20日に取扱再開。DEDが東名港に転じたため、再開にあたって電化されている。◎1956（昭和31）年10月、撮影：白井昭

（16）広見線、八百津線

　広見線は、犬山～御嵩間の路線であるが、途中の新広見（現・新可児）で折返す線形になっており、新広見で国鉄広見（現・可児）駅へ貨車を継送していた。新広見を境に犬山方と御嵩方では輸送形態も異なっていた。

　犬山～新広見間については、春里（西可児へ統合）、ライン遊園（現・可児川）、今渡（現・日本ライン今渡）で貨物を扱っていたが春里は1957（昭和32）年、今渡は1961（昭和36）年に貨物を廃止した。その後はライン遊園駅に隣接した製紙会社（名古屋パルプ-1957年操業開始-現・大王製紙可児工場）の貨物を新広見または新鵜沼へ輸送し国鉄へ継送していたが、今渡～新広見間の愛知用水と並行する上り勾配では苦戦した。小生（清水）は実習中に600V時代の広見線でこの列車に添乗させてもらったが、デキ1000形牽引では不安ということで1000形重連とし、操縦もベテラン助役さんが担当されたことを覚えている。

　1964（昭和39）年12月のダイヤでは、犬山～新広見間に2往復の貨物列車が設定されていた。

　1974（昭和49）年9月のダイヤでは、新鵜沼～可児川間に1往復、可児川～新広見間に2往復の貨物列車が設定され、新鵜沼～可児川間はデキの単機回送で、可児川の貨物は新広見で国鉄へ継送されていたと思われる。可児川の貨物扱いは1982（昭和57）年11月に廃止され、広見線から貨物列車が消えた。

犬山駅に到着する広見線からの貨物列車。広見線600V時代でデキ1005が牽引。◎1964（昭和39）年10月、撮影：白井昭

　新広見から奥は、御嵩口からの亜炭輸送で昭和30年代前半までは活況を呈し、伏見口（現・明智）で合流する八百津線でのダム建設による資材輸送貨物もあり、当時新広見駅長を経験された先輩から「入換中に国鉄線に転線する際、引き上げると車両数が多く場内信号機の外方まで出ることがあり、ヒヤヒヤした」というほどの貨物があったと言う。ダム工事終了や亜炭資源の枯渇により早くに輸送は終了した。伏見口は1961（昭和36）年に貨物扱いを廃止、御嵩口は1962（昭和37）年に車扱貨物を廃止するが、小口扱いについてもトラック代行となり貨物列車は姿を消した。

　伏見口（現・明智）から分岐していた八百津線では、兼山や八百津でのダム建設による資材輸送が行われた。

　兼山ダム建設時は、兼山駅～兼山ダム建設現場まで0.6kmの日本発送電の専用線が作られ、資材輸送を行ったが1943（昭和18）年のダム完成により撤去された。

丸山ダム建設時は、八百津駅から奥の丸山ダム建設現場まで4.1kmの丸山水力専用鉄道と呼ばれる関西電力の専用鉄道が敷設され、途中の錦織にセメント倉庫を作り八百津〜錦織間2.6kmは電化、関西電力は電気機関車2両（600V・デキ250形）を新造して対処した。1954（昭和29）年、工事終了後は専用線を廃止、デキは名鉄が買い取り使用、252は昇圧、251は瀬戸線で使用後、北恵那鉄道に譲渡された。日立製の機関車は名鉄では珍しかった。1969（昭和44）年には名鉄から姿を消した。

　ダム完成後も貨物輸送は続いたが、兼山口、兼山は1961（昭和36）年に廃止、八百津は1962（昭和37）年に御嵩口と同様にトラック代行とし、八百津線の貨物列車が廃止された。八百津線は1984（昭和59）年に電車運転をやめてLEカーが走るようになり、2001（平成13）年に廃止された。

デキ111牽引の貨物列車。前2両のホッパー車から砂利散布を行っている。
◎善師野〜愛岐（現在、廃止）、昭和30年代、名鉄資料館所蔵

ライン遊園（現・可児川）へ到着後、入換が終了した貨物列車。デキ1002の横には名古屋パルプの入換機DB75が停車。
◎1964（昭和39）年9月、撮影：白井昭

ライン遊園（現・可児川）を出発し、新広見（現・新可児）に向かうデキ1002の貨物列車。◎1964（昭和39）年9月、撮影：白井昭

貨物列車で賑わう新広見（現・新可児）駅構内。右は国鉄太多線で貨車の授受を行った。◎1955（昭和30）年8月、撮影：白井昭

御嵩方向（右）から到着した亜炭列車（デキ251＋無蓋車）が、国鉄へ継送するために入換を開始。
◎新広見、1957（昭和32）年1月、撮影：白井昭

伏見口（現・明智）の貨物側線に、御嵩口からデキ251牽引の貨物列車が到着。左へ分岐すると八百津方向。
◎1957（昭和32）年、撮影：白井昭

伏見口（現・明智）付近を走るデキ1000形の広見線貨物列車。◎1957（昭和32）年、撮影：白井昭

八百津駅は、丸山ダム建設用資材輸送の中継基地だったので、側線が多く広い構内だった。1954（昭和29）年にダム工事が終わり、閑散とした構内で出発を待つデキ1006牽引の貨物列車。◎1957（昭和32）年、撮影：白井昭

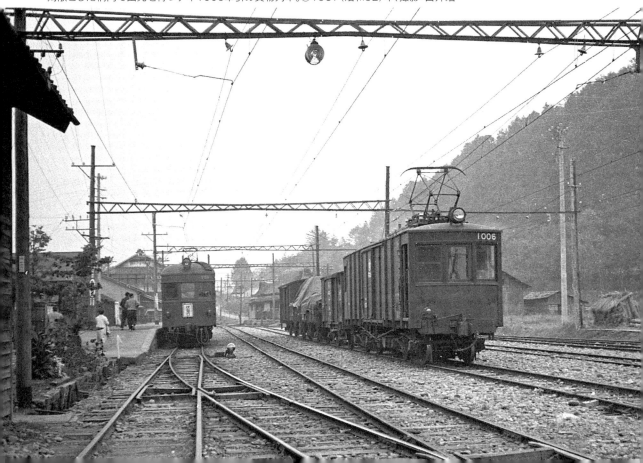

丸山水力専用鉄道を走るデキ250形の貨物列車。当時この機関車は関西電力の所有であった。丸山ダム建設計画は大正時代から存在し、この区間の免許も東美鉄道が受けていたが、ダム建設の延期で起業廃止した経緯がある。
◎1953（昭和28）年9月、撮影：倉知満孝、所蔵NRA

丸山水力専用鉄道の廃線跡。丸山ダム完成後、専用鉄道は廃止され道路となった。◎1966（昭和41）年3月、撮影：白井昭

（17）各務原線

　各務原線（名鉄岐阜～新鵜沼）は、美濃電気軌道系列の各務原鉄道が建設した路線で、全線が国鉄高山線に並行している。三柿野には旧日本軍時代から飛行場や軍の基地があり、川崎航空機工業も南北に広がり、防諜対策のための駅名改称が頻繁に行われた（例：補給部前→各務野→各務補給部前→航空廠前→三柿野）。

　当線の貨物輸送は、1931（昭和6）年に陸軍航空補給部各務原支部への輸送を開始して以来、軍事輸送に特化する形で行われており、特記すべきは戦後、米軍に接収された時代に行われた新那加～三柿野間の輸送である。

　敗戦後、各務原飛行場は進駐軍に接収され、鉄道に関しては国鉄岐阜駅にRTO（Railway Transportation Office）が置かれた。1950（昭和25）年6月朝鮮戦争が勃発すると、三柿野はその兵站基地となり、資材、兵員がその基地構内側線から各務原線を経て新那加駅を経由して高山線で岐阜方面へ輸送された。最盛期には新那加～三柿野間に早朝5時から24時近くまで不定期貨物の30～40往復のダイヤが設定され（昭和25年9月改正）、時には乗務員共々国鉄機関車（C10、C11、1100、5500）が入線し、三柿野から次駅六軒まで一列車で塞がるような編成で運転されたこともある。そのためか新那加駅の側線には給炭台、給水塔が設けられ、給水塔などは輸送終了後も残っていた。1952（昭和27）年上期には新那加から三柿野へ143千t、三柿野から新那加へ27千t輸送した。

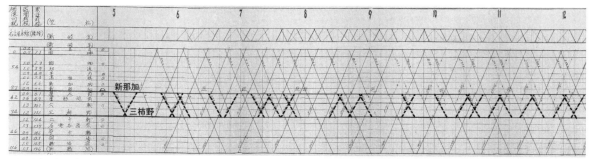

1950（昭和25）年9月改正、各務原線の列車ダイヤ。太い点線が不定期貨物列車で、新那加～三柿野間には進駐軍用（不定期）貨物列車がビッシリ設定されていた。◎清水武所蔵

　貨物輸送ではなく3軸客車（寝台車）の入線可否の問い合わせもあり、部内で検討した資料が残されているが正式に実施に至ったか否かは不明である。しかし、当時現地で勤務した担当者の「入線した寝台車のベッドで横になる兵士へ、飲み水を運んだ」などの証言もあり、実際には入線したことが推測される。当然特殊事情によるものであり動乱終焉とともに旧に復したが、進駐軍関係の専用列車は1958（昭和33）年6月1日の駐留軍撤退で終了した。これにより新那加と三柿野は貨物取り扱いを廃止し、各務原線の貨物列車は廃止された。蒸気機関車1024は予備機となり、1956（昭和31）年入線した米軍払い下げのDED8589は東名古屋港地区へ転出した。

現在は駅構内側線から工場への入場門も閉ざされている。

　この件に関しては渡利正彦氏の「岐阜地区の進駐軍輸送を探る、前・後編」『鉄道ピクトリアル』No.848、849（2011-5,6）に詳しい。

三柿野駅で発車を待つ新那加行き進駐軍貨物列車。国鉄のC11形が入線して牽引した。
◎1952（昭和27）年、名鉄資料館所蔵

各務原線のSL貨物列車。◎運動場前（現・各務原市役所前）〜六軒、1956（昭和31）年11月、撮影：白井昭

新那加駅に到着する709。後方は国鉄那加駅。当時の配置表で、709は小牧車庫、1017・1024は那加車庫所属になっていたが、運用は流動的だったと思われる。◎1957（昭和32）年12月、撮影：白井昭

新那加と国鉄那加駅の間で貨車の入換をする709。◎1957（昭和32）年12月、撮影：白井昭

新那加駅構内全景。進駐軍輸送のピークは過ぎ、閑散とした構内。側線には709とDED8589が停車中。
◎1957（昭和32）年5月、撮影：白井昭

600V時代の各務原線新岐阜駅に停車中の貨物列車。バラスト運搬用の工事列車と思われる。
◎1957（昭和32）年12月、撮影：白井昭

デキ1000形が無蓋車6両を牽引。上の写真同様、工事列車と思われる。
◎運動場前（現・各務原市役所前）～六軒、1956（昭和31）年11月、撮影：白井昭

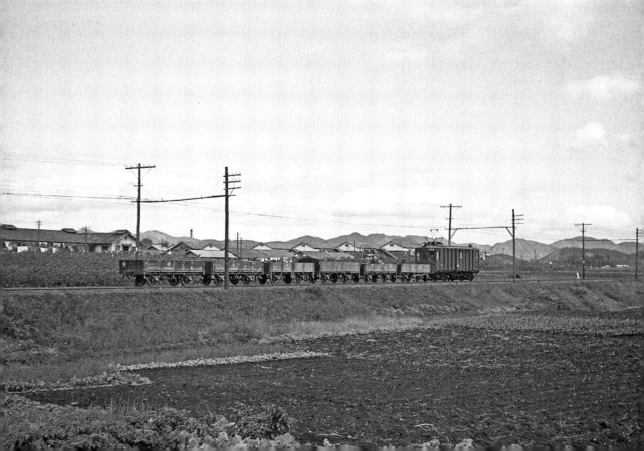

（18）津島線

　津島線（須ヶ口～津島間）の主要都市・津島の貨物は、主として尾西線の弥富で国鉄へ継送され、その他の駅の貨物扱い量は少なかったので、津島線の貨物列車は早い時期に廃止された。1957（昭和32）年10月のダイヤでは西枇杷島～津島間に3往復設定されていて、津島線内の貨物取扱駅は、甚目寺（14t）、木田（3t）、勝幡（26t）だった。（括弧内は1957（昭和32）年度の1日平均の取扱量で、各駅とも9割程度が到着貨物）

　1960（昭和35）年3月に3駅そろって貨物取扱を廃止し、津島線の貨物列車は廃止された。

　津島駅の高架化は、1967（昭和42）年12月に津島線と尾西線の津島以南が高架化、翌年5月に尾西線の津島以北が高架化された。この間5ヶ月は尾西線の線路が津島で分断されたので、尾西線森上の三興製紙専用線の貨物は、森上～新一宮（折返し）～（名古屋本線）～西枇杷島（折返し）～（津島線）～日比野～弥富のルートで運行された。折返し時の入換を省略するため、貨物列車の両側にデキを連結して運転された。この迂回輸送のため、貨物列車が廃止されていた名古屋本線（西）と津島線に一時復活した。

高架化前の津島駅航空写真。上が北で、ホームは右から1・2番線が津島線、3・4番線が尾西線で、その左に貨物ホームが並んでいた。◎昭和30年代後半、津島市立図書館所蔵

甚目寺駅の貨物側線跡。左の線は高山線乗入れ気動車の給油線になり、右の線は休車・廃車の留置線として使われた。手前からデキ501・モ806・807・803。◎1969（昭和44）年7月、撮影：浅野修

津島駅高架化工事のため、森上の三興製紙専用線の貨物を、新一宮・西枇杷島・津島経由で弥富へ迂回輸送した。折返し時の入換を省略するため貨物列車の両側にデキを連結。工事期間中、津島線に貨物列車が復活した。
◎七宝〜木田、1968（昭和43）年1月、撮影：清水武

(19) 尾西線

　尾西線は、尾西鉄道が建設した弥富〜津島〜新一宮(現・名鉄一宮)〜玉ノ井を結ぶ路線で、現在、電車の運行は、弥富〜津島(津島線へ直通)、津島〜名鉄一宮(ワンマン)、名鉄一宮〜玉ノ井(ワンマン)と3分割されている。昔(津島駅高架化以前)は、尾西線の貨物列車も3分割で運用されていて、弥富と新一宮(現・名鉄一宮)で貨車の国鉄中継を行った。

　尾西線の大口貨物は、津島〜新一宮間の中間・森上駅から出ていた三興製紙専用線の貨物だった(別項P163参照)

　1957(昭和32)年度の貨物扱駅は、弥富(344t)、佐屋(3t)、日比野(2t)、津島(73t)、六輪(15t)、丸渕(9t)、上丸渕(2t)、森上(176t)、萩原(18t)、新一宮(388t)、西一宮(26t)、奥町(26t)、玉ノ井(0t)だった。(括弧内は1日平均の貨物取扱量、弥富・新一宮は国鉄連絡貨物で、新一宮の貨物量には名古屋本線貨物も含む。)

○新一宮以北は、1957(昭和32)年10月のダイヤでは新一宮〜奥町間に定期1往復、新一宮〜玉ノ井間に不定期1往復が設定されていたが玉ノ井駅の貨物扱いは少なかった。1962(昭和37)年に玉ノ井、奥町の貨物を廃止し、翌年西一宮も廃止し、1963(昭和38)年3月のダイヤで一宮以北の貨物列車はなくなった。

　なお、1944(昭和19)年3月までは、玉ノ井より北に木曽川港貨物駅があり貨物輸送を行っていた(別項P24参照)

新一宮(現・名鉄一宮)構内で入換中の709。当時、名古屋本線が1500V、尾西線が600Vだったので、構内入換用にSLが使用された。尾西線は1952.12月に昇圧。◎1952(昭和27)年3月、撮影:権田純朗

新一宮構内で停車中の12。現在明治村で動態保存機として活躍中。◎1952(昭和27)年3月、撮影:権田純朗

○新一宮～津島間は、1957（昭和32）年10月のダイヤでは3往復、1963（昭和38）年3月のダイヤでは2往復＋新一宮～森上1往復設定されていたが、1966（昭和41）年2月に新一宮での国鉄貨物中継を廃止したので、新一宮～森上間の貨物列車を廃止し、森上の三興製紙専用線の貨物は弥富経由で国鉄中継となった。

新一宮（現・名鉄一宮）で発車を待つ尾西線貨物列車。◎1965（昭和40）年、撮影：清水武

日光川を渡るデキ376牽引の貨物列車。◎玉野～萩原、1965（昭和40）年、撮影：清水武

南側から見た森上駅交換風景。右端の13は名鉄所有で、森上から分岐する三興製紙専用線のSLが検査の時に同専用線で代役を務めた。◎1957（昭和32）年10月、撮影：白井昭

北側から見た森上駅。デキ102の隣に、三興製紙専用線のC351が停車。◎1956（昭和31）年、撮影：白井昭

13が森上駅の南で貨車の入換。◎1957（昭和32）年10月、撮影：白井昭

デキ501牽引の貨物列車が森上駅の貨物ホームに停車。
◎1968（昭和43）年
撮影：清水武

SL13号が森上駅の北で貨車の入換。
◎1957（昭和32）年10月
撮影：白井昭

森上駅で、デキ603と三興製紙のDB71が貨車の授受。◎1974（昭和49）年12月、撮影：田中義人

森上を出発し、弥富に向かうデキ603の貨物列車。◎1974（昭和49）年12月、撮影：田中義人

○津島〜弥富間は1957（昭和32）年10月のダイヤでは4往復、1963（昭和38）年3月のダイヤでは2往復設定されていた。

　津島駅の貨物扱いは、駅高架化工事を開始するため1964（昭和39）年8月に廃止し、日比野駅の貨物扱い設備を拡充し、貨物業務を移転した。

　佐屋駅からは砂山側線があり、戦前から終戦直後にかけて砂を大量に搬出したが、昭和20年代前半に廃止された（別項P163参照）

　尾西線の弥富〜新一宮間では、佐屋、津島、六輪、丸渕、森上、萩原などの駅で農産物・肥料・繊維関係などの貨物輸送を行っていたが、1959（昭和34）年以降に順次廃止し、最後は1978（昭和53）年7月に森上の三興製紙専用線の貨物輸送を廃止、1983（昭和58）年5月に日比野の貨物扱いを廃止して尾西線の貨物輸送を終了した。

津島駅高架化後の貨物列車。津島駅の貨物扱いは工事を機に日比野駅へ移管された。◎1968（昭和43）年8月、撮影：白井昭

北から見た日比野駅全景。津島駅の高架化工事に際し、日比野駅の貨物施設を拡充整備した。
◎1970（昭和45）年12月、撮影：田中義人

津島駅高架化工事中の迂回輸送が行われたときの列車。両側にデキを連結。
◎弥富口～五ノ三、1968（昭和43）年1月、撮影：清水武

弥富駅で国鉄関西線のDD51貨物列車と顔合わせ。尾西線の貨物は弥富で国鉄へ継送された。
◎1983（昭和58）年2月、撮影：服部重敬

佐屋の砂山側線

　佐屋駅から500m弱の砂山側線があり、詳細不明だが、戦後は元尾西鉄道のデキ1やデワ1000形がポールを付けて砂山側線で活躍したということである。砂がなくなったためか、昭和20年代に廃止された。現在は全く痕跡がない。

　旧東海道は、宮（熱田）宿から桑名宿まで七里の渡しの船便だったが、脇往還の佐屋路または津島街道で佐屋まで来て、佐屋から三里の渡しで桑名へ渡る人の方が多かったという記録もある。

　佐屋には、木曽川の支流の佐屋川が流れ、佐屋川の水量は木曽川本流より多く、そのため土砂が堆積し、幕末には船の航行が不自由になった。洪水対策で木曽三川分流工事が1887（明治20）年から始まり、佐屋川は1901（明治34）年に廃川となった。晩年の佐屋川は、川幅は広かったが水が流れる部分は狭く、ほとんどが砂の川原で、廃川跡は全面砂地だった。冬場の伊吹おろし（北西風）により、砂は年々左岸堤の西側に積もり大正の初め頃には大きな砂山が出来て、地元では半甲山（はんこうやま）と呼ばれた。昭和に入ると、工場の敷地造成や、関西急行電鉄（現・近鉄名古屋線）の道床、名古屋駅の造成に使うため、佐屋駅から引込線を敷いて、砂はドンドン運ばれた[1]。戦時中は甚目寺飛行場の造成にも供出した[2]。

佐屋の砂山側線の地図。昭和30年の地図に砂山側線が記載されているが、実際は昭和20年代に廃止されたと思われる。
◎国土地理院5万分の1地形図「桑名」昭和30年1月発行に加筆

（[1]『佐屋町史』1996（平成8）年10月発行、[2]『佐屋路をゆく』2019（令和1）年5月・石田泰弘編集・風媒社発行）

森上の
三興製紙専用線

　尾西線の森上駅から、西の木曽川沿いにある三興製紙祖父江工場まで約2.5kmの専用線があった。

　レールは休止した奥町～木曽川港から転用したとも言われている。蒸気機関車・ディーゼル機関車が貨車輸送に活躍したが、1978（昭和53）年7月に廃止された。廃線跡の大部分は道路となっている。

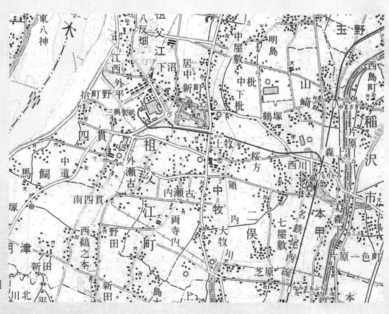

三興製紙専用線の地図。
◎国土地理院5万分の1地形図「津島」昭和46年6月発行より

白井昭氏の調査によれば、1944（昭和19）年には多くの軍用機がアルコールで飛ぶようになり、アルコール工場の増強が図られた。祖父江の人絹工場もアルコール工場（三興醸成燃料）に変わり、サツマイモ等から航空機燃料のアルコールを製造し、その輸送用に戦争末期の昭和20年に引込線が造られ、当初は、230号という20tくらいのCタンクが使われた。

　終戦後アルコール工場は三興製紙に変わり、貨車で古紙を搬入し、紙製品を送り出した。

　1951（昭和26）年2月に15tのCタンクC351が導入された。C351は、昭和19年立山重工製で、日鉄広畑工場へC315

として入った。東濃鉄道が1946（昭和21）年4月に日鉄から借り入れ東濃4号として使用した。東濃鉄道は昭和25年7月に電化し、翌月に本機を日鉄へ返却した。三興製紙はこの機関車を昭和26年2月に導入、230と交代した。C351の所有は三興製紙であるが、車籍は名鉄、保守は新川工場で実施。サンコー1号機の語呂合わせで番号が351になった。この351号が検査や洗缶作業のときは、名鉄のSL（当時、東名港付近で現役）が入線した。昭和38年にDL化されDB71（15t）が導入された。

　1978（昭和53）年7月23日に森上の三興製紙専用線の貨物輸送が廃止になった。

　晩年の森上駅の貨物は三興製紙専用線のみとなっていたので、これで森上駅の貨物は廃止された。

三興製紙が1951（昭和26）年に導入した蒸気機関車C351。戦時中に立山重工で製造された◎1959（昭和34）年、名鉄資料館所蔵

三興製紙専用線の貨物列車がDB71に牽引され森上駅に到着。◎1974（昭和49）年12月、撮影：田中義人

三興製紙専用線と尾西線の合流点。13が活躍。三興製紙にはSLのC351が常駐していたが、検査の時は名鉄の13が代役で活躍した。以下、13の写真が続く◎1957（昭和32）年10月、撮影：白井昭

三興製紙専用線を走る13。沿線には田園風景が広がっていた。◎1956（昭和31）年、撮影：白井昭

夕暮れ時、森上に向かう13の列車。◎1957（昭和32）年10月、撮影：白井昭

上の写真の列車が通り過ぎたところ。◎1957（昭和32）年10月、撮影：白井昭

貨車に添乗して走行写真を撮影。祖父江の町の中を走行。◎三興製紙専用線、1956（昭和31）年、撮影：白井昭

三興製紙の工場の入口。◎1956（昭和31）年、撮影：白井昭

三興製紙の工場の中。古紙の山と列車。向こうに給水塔が見える。◎1956（昭和31）年、撮影：白井昭

古紙に囲まれた給水塔の近くの13。◎1956（昭和31）年、撮影：白井昭

給水塔の近くの5548。蒸気時代の代役にはテンダー機の5548が入ることもあった。◎1956（昭和31）年頃、清水武所蔵

三興製紙工場入口。輸送が終わると入口の門を閉じた。周辺には古紙が散乱。◎1974（昭和49）年1月、撮影：田中義人

（20）竹鼻線

　竹鼻線は笠松～大須間の路線だった。戦後間もない1948（昭和23）年5月に名古屋本線が600V→1500Vへ昇圧し、竹鼻線は600Vのまま残ったので、竹鼻車庫所属の600V車で運用された。竹鼻線は1942（昭和17）年に地元の要望で車扱貨物輸送を開始したが、当初、機関車は配置されなかった。1952（昭和27）年にデキ32が配置、1955（昭和30）年頃にデキ1が配置されたが、それぞれ西笠松と大須の入換用として使われた。この2両の機関車は1960（昭和35）年に廃車となった。

　竹鼻線の貨物は、電車が貨車を牽引する混合列車で笠松へ輸送、笠松からデキの貨物列車で新一宮へ輸送した。竹鼻線は1962（昭和37）年6月に昇圧したが、昇圧後も混合列車で輸送した。

　1957（昭和32）年度の貨物扱駅は、西笠松（42t）、竹鼻（32t）、西竹鼻（現・羽島市役所前8t）、大須（3t）だった。（括弧内は1日平均の取扱量）

　竹鼻線は1966（昭和41）年2月に貨物輸送を廃止した。同時期に名古屋本線の西枇杷島～笠松間の貨物列車も廃止され、新一宮から国鉄への貨物中継も廃止された。

西笠松駅常備の入換機デキ32。廃車直前の姿。
◎1960（昭和35）年4月、撮影：白井昭

大須駅に常駐し貨車や電車の機回しに従事したデキ1。尾西鉄道の1号機でドイツシーメンス製の小型機。佐屋の砂山線からやってきた。◎1960（昭和35）年頃、清水武所蔵

600V時代の混合列車。モ356+354と貨車。竹鼻線はダイヤ上、全列車が混合列車としてスジが引かれていた。
◎南宿付近、1962（昭和37）年6月、撮影：白井昭

モ351牽引の混合列車。ローカル線らしい風情。◎竹鼻線、1955（昭和30）年2月、撮影：奥野利夫

モ200形2両と貨車の混合列車。竹鼻線は、この写真の直後の昭和37年6月10日に1500Vへ昇圧。
◎南宿付近、1962（昭和37）年6月、撮影：白井昭

流線形850系「なまず」の混合列車。竹鼻線昇圧直後の写真で、1度見たら忘れられない！
◎南宿付近、1962（昭和37）年6月、撮影：白井昭

駅務実習での体験

　名鉄では大学卒として入社すると、1年間は現場実習として駅務、鉄道車掌、運転士見習いとして実習があり、当時はバス車掌としての実務体験もあった。

　その中で私（清水）は1964（昭和39）年に入社し、駅務実習場は新岐阜幹事駅での実習となり、貨物業務については竹鼻線の竹鼻駅で体験した。そこでは孵化直後の「ひよこ」や実験用のマウスの輸送があった。長距離ではなかったが、専用の箱を有蓋車に積み込むのだが、嵩はしれており運賃計算を容積率で行うことを知った。10t、15t車を「ひよこ」で満載とはならず編み出されたものである。またその頃、ぎふ国体があったが、当時は馬匹輸送用のトラックがあまり普及していなかったのか競技用の馬の輸送も検討した。私は実習終了後も志願し運転現場勤務を続けた。そのため、貨物輸送の減退を見続けることになった。

　その頃は貨物輸送分野では小口扱い貨物もあり、名鉄でも昭和30年代までは取扱駅を増やす方向にあったが、手荷物輸送とともに、煩雑で手間の掛る輸送であり、国鉄も改善策に努めていたが、やがて縮小の方向となり、名鉄では1966（昭和41）年10月に小口扱いを全廃し、車扱い貨物のみとなった。

(21) 瀬戸線

1976 (昭和51) 年までの瀬戸線は、堀川〜大曽根〜尾張瀬戸の路線だった。

瀬戸線で貨物扱いを行った駅は堀川、大曽根、矢田、小幡、三郷、尾張横山、尾張瀬戸であった。戦後間もない1948 (昭和23) 年9月のダイヤによると、貨物列車は大曽根〜尾張瀬戸間で定期5往復、不定期1往復、他に大曽根〜小幡間不定期1往復、小幡〜尾張横山間不定期2往復が設定されていた。水運との連絡地であった大曽根〜堀川間については混合列車が1往復設定されるのみである。戦後は水運が廃れてしまい、1952 (昭和27) 年の運輸統計で堀川駅の貨物扱量を見ると1日平均1t程度に過ぎないので、貨物があるときだけ混合列車で運んだと思われる。

貨物は瀬戸方向へ燃料となる石炭、瀬戸方からは瀬戸物の搬出と珪砂の輸送で賑わい、珪砂は国鉄小浜線の松尾寺駅への輸送が大半を占めた。特に尾張瀬戸と尾張横山 (現・新瀬戸) の取扱量が多かったが、この両駅は瀬戸地区の貨物を分担するメインとサブの関係にあった。

1948 (昭和23) 年当時、瀬戸線には機関車デキ201・202・363・31、電動貨車デワ1・2が配置されていて貨物輸送の最盛期だった。デキ31は小幡駅入換、デワ1は尾張瀬戸入換、デワ2は尾張横山入換に使用されていたが、その3両は1960 (昭和35) 年に廃車となった。

貨物扱い駅は、1964 (昭和39) 年に小幡、1970 (昭和45) 年には尾張横山を廃止し、それ以後は尾張瀬戸だけが貨物を取り扱った。機関車については、1969 (昭和44) 年以降は瀬戸電生え抜きのデキ201・202の2両が残り、大曽根〜尾張瀬戸間1日3往復の貨物列車を運行した。

1978 (昭和53) 年8月の栄町乗り入れを前に、国鉄新守山駅の貨物輸送設備改良に5,200万円を拠出して尾張瀬戸の貨物を移管し、2月15日に社用品を除く貨物扱いを廃止した。同年3月の昇圧の直前には1500V車両の甲種車両輸送が行なわれ、デキ200形の最後の活躍になった。

昇圧後はデキ375が転入し、600V車の搬出を終えた6月1日付で正式に瀬戸線の貨物扱いは廃止となる。機関車はやがて376に交代し、1996 (平成8) 年6月には379が転入。その2両が喜多山検車区所属になり瀬戸線の工事列車や車庫の入換に使用されたが、尾張旭検車区の新設時に廃車された。

大曽根の国鉄連絡線。尾張瀬戸から到着した貨車を高架上の国鉄駅へ押し上げ中。◎1974 (昭和49) 年11月、撮影：田中義人

広見線での役割を終え瀬戸線へ転属したデキ251が入換中。◎大曽根、1967（昭和42）年、撮影：所正美

大曽根を出発し、中央線の下をくぐる瀬戸行きの貨物列車。この区間は大雨の時よく水没した。
◎大曽根～矢田、1975（昭和50）年12月、撮影：田中義人

瀬戸線の名所のトラス跨道橋を行く列車。◎大曽根～矢田、1958（昭和33）年5月、撮影：白井昭

瀬戸線の撮影ポイント・矢田川橋梁を渡る貨物列車。デキ200形は瀬戸電生え抜きで、瀬戸線で一生を終えた。
◎矢田～守山自衛隊前、1978（昭和53）年2月、撮影：服部重敬

旧型車が並ぶ喜多山車庫の横を通過する貨物列車。喜多山付近は現在高架化工事中で、車庫は尾張旭へ移転した。
◎1965(昭和40)年11月、撮影:白井昭

無蓋車を主体とした貨物列車。瀬戸方面へは石炭を、大曽根方面へは珪砂を輸送した。
◎喜多川～大森(現-大森・金城学院前)、1968(昭和43)年3月、撮影:所正美

電動貨車デワ2の車内。
◎1960（昭和35）年4月
撮影：白井昭

小幡駅構内に常駐していた入換機デキ31。廃車直前の姿。
◎1960（昭和35）年4月、撮影：白井昭

尾張横山（現・新瀬戸）駅の側線の電動貨車デワ2。晩年は同駅常駐の入換機として使われた。◎1960（昭和35）年4月、撮影：白井昭

尾張瀬戸で貨車入換中のデワ1。入換運転手が手ブレーキを操作。デワ1・2は昭和35年8月に廃車となった。
◎1958（昭和33）年、撮影：白井昭

貨車で賑わっていた尾張瀬戸駅の全景。◎1974（昭和49）年11月、撮影：田中義人

(22) 揖斐、谷汲線

　岐阜地区の揖斐線（忠節〜本揖斐）と、谷汲線（黒野〜谷汲）でも貨物輸送を行った。揖斐線には忠節、美濃北方、黒野、本揖斐に、谷汲線には更地、長瀬、谷汲などに貨物ホームがあり、戦前は一時的ながらもセメント輸送で賑わった時期もある。戦後の1949（昭和24）年の貨車配置両数は有蓋車（ワ1形）2両、無蓋車（ト50形）4両の計6両で、細々と貨物輸送を行っていたが、名鉄や国鉄の路線とつながっていなかった（1954（昭和29）年に岐阜市内線に接続）ため、貨物輸送量は少なかった。

　機関車を所有しなかったので、電車が社有貨車を牽引する混合列車により、小口扱い貨物を輸送したが、それも1963（昭和38）年までで、貨物輸送は廃止された。

忠節駅に到着した揖斐線混合列車。モ453とワ1の編成。◎1958（昭和33）年11月、撮影：白井昭

忠節駅を間もなく出発する混合列車。モ560形2両＋ワ1の編成。◎1962（昭和37）年8月、撮影：白井昭

揖斐線混合列車。2軸単車モ112＋ワ1形の編成。◎旦ノ島～尻毛、1955（昭和30）年2月、撮影：白井昭

根尾川（藪川）を渡る、モ568+566＋ワ1の混合列車。◎政田～下方、1963（昭和38）年6月、撮影：白井昭

谷汲線の混合列車。モ164＋ト52。電車に乗客がいないので、工事列車か？◎稲富付近、1958（昭和33）年11月、撮影：白井昭

揖斐線の混合列車。モ453＋ワ1。◎相羽〜黒野、1958（昭和33）年11月、撮影：白井昭

本揖斐に向かうモ560形2両＋ワ1の混合列車。◎忠節〜近ノ島、1963（昭和38）年6月、撮影：白井昭

黒野駅に停車中の混合列車。本揖斐に向けて出発する。◎1962（昭和37）年8月、撮影：白井昭

（23）岡崎市内線

岡崎市内線は、町から遠く離れた停車場と町の中心部を結ぶために馬車鉄道からスタートし、1912（大正元）年からは電車が走り始めた。1962（昭和37）年6月に廃止されたが、全国的に珍しい貨物列車が走る路面電車だった。動力車として1928（昭和3）年に電動貨車デワ10形が2両購入され、国鉄との連絡直通輸送を開始した。沿線には殿橋貨物駅と、戸崎町から日清紡績工場への引込線があり、国鉄岡崎駅前から国鉄の貨車が、電動貨車に牽引され道路（電車通り）上を走った。

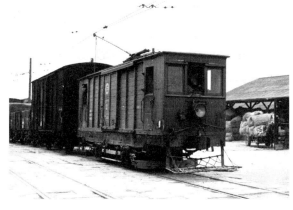

三河鉄道時代。岡崎駅前で、デワ2が貨車を牽引。名鉄合併後デワ10形12となる。
◎昭和初期
名鉄資料館所蔵

○殿橋貨物駅

乙川に架かる殿橋の東南に殿橋貨物駅があった（跡地は現在、愛知県西三河総合庁舎）。明治時代までの貨物輸送の中心は船を利用した水運で、殿橋は中心市街地を縦断する道路（電車道）と川との交点であった。周辺には船着場や倉庫会社、ガス会社、製糸工場などがあり、貨物輸送の結節点だったので貨物駅が出来たと思われる。町の中心に一番近い貨物駅として、自動車のない時代は荷車や荷馬車が集まり、貨車で賑わった。

貨物輸送の効率化のためと思われるが、1951（昭和26）年に殿橋貨物駅の貨物扱いを東岡崎駅に集約して、殿橋貨物駅は名義上の存在のみとなった。

岡崎市内線路線図。市内線は岡崎駅前～岡崎井田間（軌道法）で、井田～大樹寺間は挙母線（鉄道法）、岡崎駅前～福岡町間は福岡線（鉄道法）だが、市内電車は福岡町～大樹寺間を直通した。岡崎駅前～康生町間が複線で、その他は単線だった。◎国土地理院5万分の1地形図「岡崎」昭和32年3月発行に加筆

殿橋貨物駅付近の空中写真。◎国土地理院空中写真1948（昭和23）年12月。米軍撮影写真に加筆

殿橋貨物駅の配線図。◎藤井建 所蔵

○戸崎側線

　戸崎町から日清紡績戸崎工場まで引込線があった。ただし、運賃計算上は殿橋貨物駅の構外側線として扱われている。1960（昭和35）年に撮影された側線の写真を見ると、あまり使われていないような印象を受ける。『愛知県統計年鑑』によると、昭和30年代以降の岡崎市内線の貨物はほとんどの年で年間1000ｔを割り込んでおり、計算すると週１～２回程度の輸送しかなかったことになる。

戸崎町から分岐する日清紡績引込線で入換作業を行うデワ12。◎1960（昭和35）年、撮影：市川満

戸崎町に停車中の市内電車。左に分岐する線が日清紡績引込線。◎1960（昭和35）年、撮影：白井昭

日清紡績引込線の沿線風景。向こう側が戸崎町。
◎1960（昭和35）年5月、撮影：白井昭

日清紡績工場の入口。引込線の終端。
◎1961（昭和36）年、撮影：白井昭

　写真の撮られた1960（昭和35）年は年345ｔの輸送に終わっており、15ｔ車に換算すれば1年間で23回使っただけである。そして、廃止年となる1962年はとうとう0ｔに終わっており、名義とされた殿橋貨物駅も路線廃止に1週間先だって廃止されている。ただし、岡崎車庫と名鉄の他工場（刈谷・鳴海等）の間で名鉄の社有貨車を使用した社用品の輸送が廃線まで行われた。車庫前〜大樹寺間は岡崎市内線を走り、そこから先は挙母線・三河線経由の遠回りとなるが、挙母線・三河線には定期貨物列車が運行されていたので、何も問題なかった。岡崎市内線は1962（昭和37）年6月17日に廃線となった。

岡崎車庫を大樹寺に向けて出発したデワ11＋ト211。
◎車庫前
1962（昭和37）年5月
撮影：白井昭

名古屋本線との交差部。続行運転でデワ11が走る。東岡崎駅は左方向。
◎東岡崎駅前
1962（昭和37）年5月
撮影：白井昭

殿橋を渡るデワ11＋ワム560。昔はこの橋の手前側に貨物駅があった。貨物営業の認可区間は殿橋貨物駅までで、橋を渡るのは社用品の配給列車に限られる。◎1962（昭和37）年、名鉄資料館所蔵

八幡社で交換待ちのデワ11＋ト211。康生町～大樹寺間は単線のため、貨物列車は市内電車と続行で運転された。
◎1962（昭和37）年5月、撮影：白井昭

岡崎井田(井田町)でモ54と交換するデワ11＋ワム560。◎1962(昭和37)年、名鉄資料館所蔵

大樹寺駅で挙母線の3700系と並んだデワ11。その向こうに市内電車が停車中。大樹寺からは右奥方向へ日本レイヨンの引込線が出ていた。◎1962(昭和37)年5月、撮影：白井昭

(24) 岐阜市内、美濃町線

　岐阜地区の軌道線では、美濃電が貨物輸送を計画し、1911（明治44）年の開業時には電動貨車2両を新造した。しかし、1918（大正7）年には電装解除しワフ201〜202としたが、1922（大正11）年3月再度デワ601〜605（後のデワ20形）を新造した。ところが翌年10月に国鉄越美南線が開通し、貨物は減少し、603〜605はワフ205〜207となった。残ったデワ601〜602は1941（昭和16）年の改番でデワ21,22となったが戦災で21は焼失し22が残った。

　戦後、一般の貨物輸送は、電動貨車（デワ22）1両だけで小口扱い貨物を輸送した。昭和30年代の写真を見ると新岐阜駅引込線（各務原線横）から新岐阜駅前で折返し、岐阜市内線を徹明町まで走り、徹明町から美濃町線へ入るデワ22の写真が残されている。デワ22は新岐阜と美濃町線新関・美濃間の貨物輸送に使われ、美濃町線内は電車と続行で運転された。また、特産品の富有柿（揖斐線沿線が産地）のシーズンには、贈答品としての小荷物をデワ22が忠節から国鉄岐阜駅前へ輸送し中継されたということである。

　岐阜市内線・美濃町線の貨物輸送は1964（昭和39）年9月限りで廃止され、まもなくデワ22も廃車された。

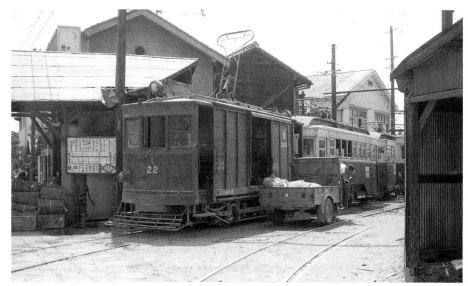

新岐阜駅前の引込線の荷扱い所で、日通の小型オート三輪からデワ22へ荷物積み込み。
◎1958（昭和33）年6月
撮影：白井昭

新岐阜駅前の引込線の荷扱い所で荷車から荷物を積み込む。◎1962（昭和37）年1月、撮影：白井昭

荷扱い所を出発したデワ22。左は岐阜工場への入庫線で、電車の左側に岐阜工場（長住町）があった。手前側が新岐阜駅前交差点。
◎1963（昭和38）年5月
撮影：白井昭

新岐阜（現・名鉄岐阜）駅前交差点を曲がる。北西角には昔も今も十六銀行本店がある。手前が入庫線で、この左が岐阜市内線の新岐阜駅前。
◎1963（昭和38）年5月
撮影：白井昭

徹明町交差点。左が新岐阜駅前、右手前が美濃町線方向。新岐阜駅前から来たデワ22は、この交差点を左折、折返して交差点を直進し美濃町線へ入る。美濃町線から来た場合は逆。◎1963（昭和38）年4月、撮影：白井昭

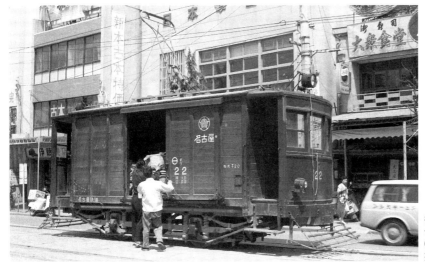

徹明町交差点近くの美濃町線乗り場付近でデワ22へ荷物の積み込み。◎1963（昭和38）年5月
撮影：白井昭

赤土坂で交換待ちのデワ22とモ510形の続行運転。交換する電車から見た。◎1963（昭和38）年5月
撮影：白井昭

新関付近を走るデワ22。続行運転の
円板を付けている。
◎1963（昭和38）年5月
撮影：白井昭

新関の貨物ホームに到着したデワ22。その横を美濃行きの510形が通り過ぎた。◎1963（昭和38）年4月、撮影：白井昭

新関の貨物ホームで荷扱い中のデワ
22。
◎1963（昭和38）年4月
撮影：白井昭

（25）小口扱い貨物

　貨物列車と言えば車扱貨物を編成したものをイメージする人が多いが、中には１車単位にまとまらない貨物も多くある。かつては重量４ｔ又は容積10平方メートルを越えない貨物は駅で取りまとめ、鉄道係員が積み下ろしに当たったが、これを小口扱い貨物と言う。要はトラックで言う路線便のような制度である。有償になるが「荷物集配表」に記載された範囲については配達も行うため、取扱駅では分厚い配達区分帳が備えてあった。

　実際は通運業者に委託されることが多かったが、集配してまとめて貨車に積み込み、同一区間の輸送となるものは積合車と言い、１車貸切扱いとなり車扱貨物と同じ方法で輸送される。そうでないものは乗務員を乗車させて各駅で積み下ろしを行うため、大変手間の掛かる輸送であった。この小口扱いのために指定された貨車を代用車と呼んだ。国鉄も含め取り扱いの少ない駅からはこうした輸送を行い、名鉄でも蒲郡線や揖斐・谷汲線では旅客列車が社有貨車（代用車）を牽く混合列車であった。

　手荷物と車扱との中間的存在であった小口扱い貨物は多大な人件費がかかるうえ、いち早くトラックに転移し国鉄でも私鉄でも収益がとれるものでなくなったため、早い時点で合理化の対象になった。名鉄においても1966（昭和41）年10月１日に全廃されている。

広見線・小牧線-小口輸送専用車と書かれた板を取り付けたワ160形161。このような社有貨車を使用して小口扱い貨物の輸送が行われた。◎犬山、1956（昭和31）年9月、撮影：白井昭

第4章
荷物列車

名古屋本線名電山中〜藤川間を走るモ810の荷物列車。荷物専用車デニ2000形廃車後は、主として単行のモ800形が荷物列車に使用された。◎1982(昭和57)年5月、撮影:服部重敬

荷物列車の活躍

　荷物輸送は、現在は全て宅配便に置き換わっているが、宅配便が一般的になる1975（昭和50）年頃までは、鉄道で輸送するのが当たり前だった。いわゆる「チッキ」と呼ばれるもので、基本は駅へ荷物を持ち込み、受け取り側は駅まで荷物を取りに行く駅止荷物が原則であった（ただし追加料金で配達もあり）。

　名鉄でも、本線には荷物専用列車（デニ2000形単行）が運行され、また、本線・支線を問わず一般の電車の一角（扉付近）に荷物を置いて運ぶ風景がよく見られた。国鉄の荷物列車へ継送されるため、毎日決まったダイヤで荷物輸送が設定されており、列車によっては1両の半分くらいを荷物専用にするため、車端の乗降扉や、客室内（網棚間）に荷物用と書かれた看板付のロープをかけてスペースを確保し、荷物用車掌が乗務していた時代もあった。

　戦後の荷物輸送に活躍したのがデニ2000形2001で、名鉄の歴史上唯一の荷物専用車だった。デニ2001は1953（昭和28）年にモ3251（晩年は荷物車として使用）の機器を再利用し、名古屋車両製作所で半鋼製車体を新造して誕生した。過密化する名古屋本線ダイヤの中を、HL車ではあるが単行運転の足を生かし活躍した。昭和30年代末には6000番台の列車番号を付け、早朝から深夜まで豊橋〜新岐阜間に2〜3往復、末期は犬山線にも1往復が設定されていた（P10列車ダイヤ参照）。荷物の多いときにはモ800形との重連（HL車とAL車なので総括制御ができず2人乗務になる）や、三河線のHL車との3両編成で堀田駅の貨物ホームに入線することもあった。デニ2001が検査の際はAL車（主にモ800形単行）が代走した。デニ2001は1969（昭和44）年に廃止となり、荷物輸送は一般の電車が引き継いだ。単行のモ800形等だけでなく、最後は4両編成の「いもむし」やOR車（3900系等）まで代役を務めた。国鉄豊橋駅の荷物扱室が1番線ホームに面していたため、名鉄の荷電は例外的に飯田線1番線に発着していた。

　鉄道荷物輸送は、トラック利用の宅配便の拡大により急激に減少し、国鉄では1986（昭和61）年11月のダイヤ改正で実質的に荷物列車が廃止され、名鉄も1985（昭和60）年に荷物輸送を廃止している。ただし、新聞の夕刊輸送だけは一時廃止も検討されたが、その速達性を買われて現在も残されている。平日の昼過ぎに名鉄名古屋駅へ行くと、電車へ次々と新聞を積み込む活気ある風景が見られ、荷物輸送が盛んだった頃を偲ぶことが出来る。かつては瀬戸線でも中日新聞社近くの堀川駅で実施されていた。

普通電車に併結された荷物専用車デ—2001。◎西枇杷島、1955（昭和30）年8月、撮影：白井昭

堀田駅貨物ホームに停車する蒲鉾形車体のデニ2001。◎1958（昭和33）年12月、撮影：白井昭

デニ2001の簡素な運転台。
◎1957（昭和32）年9月、撮影：白井昭

デニ2001の車内。荷物輸送に特化した車内。◎1957（昭和32）年9月、撮影：白井昭

枇杷島橋梁を渡るデニ2001。橋の架け替え工事中で、右の旧橋梁には本線下り列車だけを通し、本線上りと犬山線上下列車は左の新橋梁を通した。◎東枇杷島～西枇杷島、1958（昭和33）年、撮影：白井昭

豊橋駅の飯田線ホームへ入るデニ2001。奥左の1・2番線は飯田線ホームだが、荷物電車はそちらに入線した。名鉄の旅客用電車は、その右の3番線のみ使用。◎1957（昭和32）年1月、撮影：白井昭

名古屋本線を走る列車番号6000番台の荷物列車。
◎名電長沢付近、1965（昭和40）年8月、撮影：白井昭

新名古屋（現・名鉄名古屋）で荷扱い。普通電車に併結。
◎1956（昭和31）年3月、撮影：白井昭

堀田駅での荷物列車。荷物が多かったのかクユ2010形・モ3200形・デニ2000形の3連。◎1956（昭和31）年4月、撮影：白井昭

ホームにあふれる荷物を、デニ2000形とモ800形の2両連結で運ぶ。◎新岐阜(現・名鉄岐阜)、1963(昭和38)年7月、撮影：白井昭

新名古屋(現・名鉄名古屋)は中ホーム(降車用)で荷物を扱った。旅客列車にも荷物を積み込んだ。
◎1963(昭和38)年7月、撮影：白井昭

新名古屋(現・名鉄名古屋)駅では特急電車にも荷物を積み込んだ。
◎1959(昭和34)年頃
名鉄資料館所蔵

車内の一角を占拠した荷物。◎尾西線車内、1962(昭和37)年8月、撮影：白井昭

揖斐線でも、荷物が連結部の運転台を占拠した。
◎忠節、1965(昭和40)年2月、撮影：白井昭

流線形車両ク2400形の車掌室前を占拠した荷物。
◎1961(昭和36)年12月、撮影：白井昭

本線の荷物列車(知立4番線→三河
知立→知立信号場→本線で運転)
で到着した荷物を、三河線の電車
(1081)に積み替え。
◎知立、1963(昭和38)年12月
撮影:白井昭

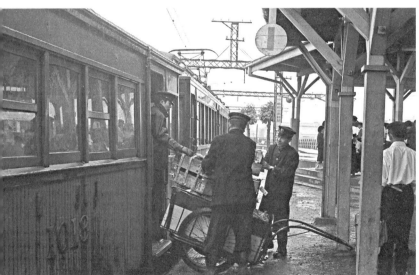

到着した竹鼻線の電車(1013)から荷
物をリヤカーへ降ろす。この後、本線ホー
ムへ運搬し、本線列車に載せ替える。
◎笠松、1962(昭和37)年6月
撮影:白井昭

豪雨の中、本線から尾西線への新聞積
み替え作業。
◎新一宮(現・名鉄一宮)、昭和35年頃
名鉄資料館所蔵

新聞社のトラックを横付けし新聞を
積み込む。瀬戸線でも新聞輸送を実
施。堀川駅の近くに中日新聞の本社
があり、栄町乗り入れまで実施した。
◎1962(昭和37)年、撮影:白井昭

現在も続く名鉄名古屋駅の新聞輸送。
昼過ぎに、夕刊がシューターで地下ホー
ムへ次々下ろされ、行き先別に仕分けて
台車の上に載せられる。
◎2017(平成29)年7月
撮影:田中義人

夕刊は、指定された列車の指定
場所に次々載せられていく。
◎2017(平成29)年3月
撮影:田中義人

第5章
貨物列車の終焉

名古屋臨海鉄道の機関車に牽引され、築港線経由で搬入される名古屋地下鉄N3000形。貨物輸送終了後も、名鉄の新造車や、名古屋地下鉄鶴舞線の新造車は、現在もこのように輸送される。◎築港線、2013年7月、撮影：田中義人

戦後の貨物輸送は増加傾向にあったが、貨物輸送の将来のためには、貨物取扱駅を集約して合理化を進める必要があるということで、1959（昭和34）年に名鉄社内に貨物近代化委員会が出来た。その委員会で議論され「120駅以上ある全線の貨物駅を35駅程度に集約し、約70％の貨物駅を廃止する」という報告書が出た。これは、貨物輸送の効率化を図るためで、貨物輸送の廃止は念頭になかったという。一方で、当時の経営者は、鉄道貨物は採算性が良くないのでトラック輸送に切り替えようと図り、1960（昭和35）年には運送会社を合併させ名鉄運輸（株）が誕生、輸送網を拡大していった。この背景には、旅客の輸送量が増大し、旅客列車の増発やスピードアップのためには貨物列車が邪魔になってきたことも要因である。

　この報告書に沿って貨物取扱駅の集約を進めたが、昭和30年代は道路網が未整備だったので、高度経済成長の波に乗り鉄道貨物は増え続けた。名鉄も荷主の要望に応えて1962（昭和37）年と63年に、国鉄貨車の近代化（2段リンク化）に呼応したワム6000形を25両製造した。1961年に登場した国鉄ワム60000形と同一設計で、車体を青色（ハワイアンブルー）に塗装するなど、意気込みも感じられた。

　転機は1965（昭和40）年8月であった。名古屋臨海鉄道が開業し、名電築港の県営貨物線を同社へ移管したことで常滑・築港線の貨物輸送が大幅に減少、9月には豊橋駅での貨車中継を廃止し、本線東部の貨物列車を大幅に削減したため、貨物輸送量は前年度の半分以下になった。1966（昭和41）年10月には、採算性の悪い小口扱い貨物を全廃した。

　昭和40年代以降は、高速道路などの道路整備が進み、長距離輸送も急速にトラックに転移が進み、鉄道貨物輸送の衰退が始まった。それは名鉄においても同様で、右図のように貨物輸送量は減り続けた。

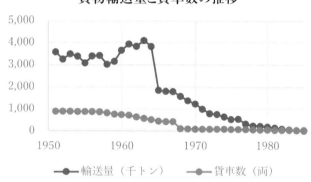

貨物輸送量と貨車数の推移

『名古屋鉄道百年史』を元に作成

神宮前西駅の最終日。「大デキ」が神宮前西ヤードに集結した。◎1965（昭和40）年8月31日、撮影：白井昭

昭和40年代以降、国鉄の労使関係が悪化し、たびたびのストライキで貨物輸送は慢性的な遅延が問題になっていた。特に1975（昭和50）年11月に8日間に渡って国鉄が麻痺したスト権ストで鉄道は荷主の信用を失い、貨物輸送の主役は完全にトラックになった。

1984（昭和59）年1月1日（最終営業はその前年末日）に、最後まで残った三河線山側（刈谷〜三河広瀬間）、常滑線（大江〜太田川間）、犬山線（鵜沼〜布袋間）の貨物輸送を廃止した。これは1984（昭和59）年2月に国鉄が操車場で中継する方式を廃止し、拠点間直行方式に切り替えることにあわせたものである。

貨物減少により、デキ370形377を廃車解体。
◎新川工場、1968（昭和43）年5月、撮影：浅野修

その後は、6号地（大江埠頭）の輸出車両や甲種車両、レールなどの資材輸送を築港線東名古屋港〜大江間で扱ったが、1985（昭和60）年12月に貨物取扱業務を日本通運に、貨車輸送業務を名古屋臨海鉄道に委託し73年間におよぶ貨物輸送の歴史に幕を下ろした。

なお、貨物営業は廃止したが、保線用のバラストとレールは現在も貨車を使って輸送しており、工事列車と呼ばれる。深夜に現場へ輸送し、早朝に基地駅に戻るダイヤが設定されている。

デキ400形の工事列車
（バラスト輸送）。
◎宇頭〜新安城
2015（平成27）年4月
撮影：寺澤秀樹

デキ600形の工事列車（レール輸送）。
◎石仏〜布袋、2008（平成20）年6月
撮影：寺澤秀樹

EL120形の工事列車(バラスト輸送)。◎矢作橋～宇頭、2019(令和元)年5月、撮影:寺澤秀樹

EL120形の工事列車(レール輸送)。◎一ツ木～富士松、2017(平成29)年5月、撮影:寺澤秀樹

　また、新造車は、日本車輌豊川製作所から東海道線を甲種輸送で笠寺へ、笠寺から名古屋臨海鉄道東港経由で東名古屋港へ輸送され、名鉄築港線内も名古屋臨海鉄道のディーゼル機関車で大江まで牽引される。大江で自力走行ができるように整備され、深夜に舞木検査場へ回送される。自力走行しない場合は電気機関車で輸送する。名古屋市交通局鶴舞線の新造車も同じルートで大江まで輸送され、大江から名鉄の電気機関車が金山・知立・豊田市経由で地下鉄の赤池車庫まで輸送するが、深夜の輸送のため一般の人が見る機会はほとんどない。

名鉄最後の貨物ダイヤ

1982（昭和57）年3月21日改正の貨物ダイヤ（貨物輸送末期）。以後、1984（昭和59）年1月1日にかけて順次廃止された。

東部線・三河線

駅名（○は貨物扱駅）		不定期 K403 回送	貨10	不定期 貨10	貨41	貨43	不定期 貨12 回送	不定期 貨14 回送	不定期 貨14 回送
犬山	発						*	20:08	
須ヶ口	発						20:52	‖	
枇杷島分岐	発						└	21:01	
神宮前	発						20:48	21:23	
刈谷	発				16:25			⇓	
知立	着				16:33	21:29		大江	
知立	発				16:38	21:30			
三河知立	着				16:41	21:33			
三河知立	発	9:46	10:14		16:56				貨16列車 犬山枇杷島分岐間
土橋	着		10:10	‖	17:19				
土橋	発			‖		10:28			
越戸	着			‖		レ			
越戸	発			‖		レ			
猿投	着			‖		10:59			
猿投	発			‖		11:14			
枝下	着			‖		11:23			
枝下	発			‖		11:26			
三河広瀬	着			‖		11:29			
新安城	着		10:21						
新安城	発		10:29						
矢作橋	着		10:39						
矢作橋	発		11:05						
東岡崎	着		11:11						
東岡崎	発		➡	11:37					
美合	着			11:48					

＊犬山線貨16列車運転日は貨14列車の須ヶ口〜枇杷島分岐間運休

駅名（○は貨物扱駅）		貨42	不定期 貨11	貨11	貨432	不定期 K602 回送	不定期 貨13 回送	不定期 貨15 回送	不定期 貨15 回送
○ 美合	発		12:05						
○ 東岡崎	着		12:13						
○ 東岡崎	発	➡	12:40						
矢作橋	着		12:45						
矢作橋	発		12:52						
新安城	着		13:04						
新安城	発		13:13						
○ 三河広瀬	発	11:35		‖					
枝下	着	11:38		‖					
枝下	発	11:41		‖					
猿投	着	11:50		‖					
猿投	発	12:04		‖					
越戸	着	12:09		‖					
越戸	発	12:13		‖					
○ 土橋	着	12:32		‖					貨17列車 枇杷島分岐 新鵜沼間
○ 土橋	発	12:51		‖	17:44				
三河知立	着	13:16		13:19	18:06				
三河知立	発	13:31							
知立	着	13:33					21:50		
知立	発						レ		
刈谷	着			13:37			レ	大江	
刈谷	着			13:45			‖	⇓	
神宮前	発						22:37	22:07	*
枇杷島分岐	発						23:00	22:29	¬
須ヶ口	着						23:09	‖	22:40
新鵜沼	着						23:31		

＊犬山線貨17列車運転日は貨15列車の枇杷島分岐〜須ヶ口間運休

常滑線・築港線

駅名（○は貨物扱駅）		200	不定期 貨50 回送	貨52	202	不定期 204	不定期 206	不定期 K208 回送	不定期 貨54 回送	不定期 貨14 回送
始発										須ヶ口 20:52
神宮前	発		9:49						16:19	21:23
大江	着		9:57						16:26	21:31
大江	発	8:27		10:38	10:42	11:45	14:15	15:15		
東名古屋港	着	8:31		‖	10:46	11:49	14:19	15:19		
○ 聚楽園	着			10:50						
○ 聚楽園	発			11:15						
○ 太田川	着			11:20						

駅名（○は貨物扱駅）		201	203	205	不定期 K207 回送	貨51	不定期 貨53 回送	不定期 貨15 回送
○ 太田川	発					14:41		
○ 聚楽園	着					14:46		
○ 聚楽園	発					15:00		
○ 東名古屋港	発	10:25	11:30	14:00	14:40	‖		
大江	着	10:29	11:34	14:04	14:44	15:10		
大江	発						15:30	21:58
神宮前	着						15:38	22:07
終着								須ヶ口 22:40

犬山線・広見線

駅名（○は貨物扱駅）		貨21	貨31	指定休 貨33	不定期 貨35	不定期 貨37	不定期 貨17 回送
始発			新鵜沼 13:07	新広見 14:30		新広見 15:59	大江 21:58
○ 枇杷島分岐	発		‖	‖		‖	22:29
布袋	着		‖	‖		‖	22:56
布袋	発	10:22	‖	‖		‖	23:03
犬山	着	レ	レ	15:25		16:51	23:26
犬山	発	レ	レ	15:40		16:54	23:26
新鵜沼	着	10:44		15:44		16:59	23:31
○ 可児川	着		13:35	*			
○ 可児川	発		13:53		15:10		
新広見	着		14:05		15:22		

＊貨35〜37列車運転日休

駅名（○は貨物扱駅）		貨20	貨30	貨32	指定休 貨32	不定期 貨36	不定期 貨16 回送
新広見	発			14:30		15:59	
○ 可児川	着			14:43	*	16:11	
○ 可児川	発			➡	15:05	16:30	
新鵜沼	発	9:04	13:07				
犬山	着	レ	レ		15:25	16:51	
犬山	発	レ	レ		15:40	16:54	20:08
○ 布袋	着	9:27	‖				20:26
○ 布袋	発						20:37
枇杷島分岐	着						21:01
終着			新広見 14:05		新鵜沼 15:44	新鵜沼 16:59	大江 21:31

＊貨35〜37列車運転日休

尾西線

駅名（○は貨物扱駅）		貨581	不定期 貨95 回送
須ヶ口	発	12:10	
○ 日比野	着	12:34	
○ 日比野	発		13:33
弥富	着		13:45

駅名（○は貨物扱駅）		貨96	不定期 貨582 回送
弥富	発	14:33	
○ 日比野	着	14:52	
○ 日比野	発		15:26
須ヶ口	着		15:50

貨物の終えん

進めた合理化が引き金に

鉄道の貨物輸送が全盛期を迎えていた昭和三十四年八月、名鉄社内で一つの答申が出された。「全線の貨物駅を三十五駅程度に集約し約七〇％の貨物駅を廃止する」

当時、貨物課長で貨物近代化委員会の

メンバーの一人として答申をまとめた村上光男さん。愛知県常滑市の主産業、土管輸送のための主産業だった土管輸送のための常滑線からで、記録に残っている輸送実績をみると同三十年度で約一万二千トン。大正十年代には母体の一つである名岐鉄道の貨物輸送も本

気鉄道時代の大正元年九月。愛知県常滑市の主産業だった土管輸送のための常滑線からで、記録に残っている輸送実績をみると同三十年度で約一万二千トン。大正十年代には母体の一つである名岐鉄道の貨物輸送も本

格始動した。

昭和十年八月に愛電、名岐両社が合併し名鉄となった直後の十一年度には七十万二千トンとなり、その後は着実に輸送実績を伸ばしていった。そして村上さんが貨物課長になった三十三年には三百万トンを超え、名鉄ばかりでなく旧国鉄はじめ鉄道の貨物輸送の全盛期を迎えようとしていた。

とはいえ、貨物収入は鉄道全体からみると七、八％で、代近化委員会が設立されたのでしかなかった。当然のように社員のほとんどは旅客

金になるとは思っていなかった。

名鉄の貨物営業のスター 一八万二千トは、愛知電鉄の行動範囲が二十キロに一つだったことから貨物駅は二キロに一つでいいではないかというものだった。

名鉄の貨物営業終えんの引き金になった三十三年には三百万トンを超え、名鉄ばかりでなく旧国鉄はじめ

うに、名鉄も四、五キロおきの貨物駅があった。村上さんが考えたのは、当時のトラックの行動範囲が二十キロだったことから貨物駅は二キロに一つでいいではないかというものだった。

この論文は早速、労務担当の常務取締役だった土川元夫（後に会長、故人）の目に留まることになったが、実際に生かされることになったのは、委員会が出した結論は、貨物取扱駅を統合集約し小口扱いはトラック輸送で残っていた東名古屋港駅を冒頭の答申のように貨物取扱業務を日本通運に委託し、七十三年間続い

・・・トラックが主役に

こうというものだった。

名鉄はこの答申に従って順次、貨物駅を減らしている。赤茶け黄ばんだ答申書を見ると「だれもが考えていなかったときに貨物輸送の合理化に取り組んだ」との自負に加え、「貨物輸送の葬式を出した」との思いにかられるからだ。

来週は木、金曜日に掲載の予定です。

部門を目指し、好んで貨物の道へ進む社員はいなかった。そんな中、入社三年目に「職場の雰囲気が良さそうだ」と自ら選んで貨物課に進んだ村上さんは、貨物輸送と半田通運が合併して誕生した名鉄運輸を次々に吸収合併し、トラック輸送網を拡大していったのだった。

しかし、名鉄の貨物輸送のピークは三十八年度の四百九万七千トン、国鉄が翌三十九年度の二億六百六十万六千トンであるように、委員会が設置されたときは鉄道

駅を20キロに一つに

旧国鉄がそうであったよ

十年代にはトラック輸送に切り替えようと図り、これに呼応するように三十五年五月に蘇東運輸

たトラックは、鉄道輸送からトラック輸送に切り替えよう

第6章
機関車

新川工場で整備中のSL1024、デキ1502、デキ100形。◎1958(昭和33)年5月、撮影:白井昭

（1）名鉄の電気機関車・電動貨車

　名鉄の電気機関車・電動貨車については、先に刊行した『名古屋鉄道車両史』上・下巻で紹介したが、貨物輸送に活躍した電気機関車と電動貨車を改めて紹介する。

デキ1形（1）

　1924（大正13）年、ドイツのシーメンス製の機関車。尾西鉄道が木曽川港駅入換用に導入した小型2軸凸形機関車で600V車、名鉄合併後も1形を名乗った。終戦後は、佐屋駅郊外の砂利取り線で活躍し、晩年は竹鼻線西笠松駅の入換、終点大須駅で附随車の機廻しに使われた。車体塗装は長らく灰色だったが、黒色塗装に変更後1960（昭和35）年廃車。モーターは60馬力（HP）×2。

デキ1形1　◎大須、1960（昭和35）年頃、清水武所蔵

デキ30形（31・32）　デキ50形（51）

　名古屋電気鉄道が郊外線進出のため製造した最初の車両デシ500形の3両を1931～35（昭和6～10）年にボギー台車を新製し、入換用電気機関車デキ51～53に変更した。このうちデキ52、53は戦時中1942・44（昭和17・19）年に、台車、モーターをサ2171と木造のデキ851に譲り、元の2軸のラジアル台車にもどし、デキ30形の31，32となり、西笠松駅などの構内入換に使用され1960（昭和35）年廃車された。今村（現・新安城）の専用線で使われたデキ50形も同時期に廃車となった。600V車で、50形のモーターは50HP×4、30形は50HP×2。

デキ30形32　◎西笠松、1955（昭和30）年頃、撮影：福島隆雄

デキ50形51
◎今村（現・新安城）、1955（昭和30）年頃、撮影：福島隆雄

デキ100形（101～104）

　初代名古屋鉄道の電気機関車。101，102は1924（大正13）年の日本車輌製だが台車はボールドウイン製で半鋼製の凸形車体の中央には大きな空間を有し、電動貨車並みに手小荷物も積めた。103、104は1928（昭和3）年4月の増備で、台車のみが住友製に変わった。4両とも1500Vに昇圧されたが主として西部線で使用され、1965（昭和40）年に101～103が廃車、1968年には104も廃車された。モーターは80HP×4。

デキ100形104
◎日比野、1968（昭和43）年1月、撮影：清水武

デキ110形（111）

　1951（昭和26）年製の小型凸形電気機関車。東洋電機と日本鉄道自動車の合作で犬山線木津用水駅から分岐する専用線の奥に建設された紡績会社（東洋紡績）が発注した。新鵜沼〜木津用水間の貨物列車のほか広見線や小牧線の貨物列車も牽引した。1968（昭和43）年5月の廃車後、遠州鉄道へ譲渡されてED213となり、最終的に福井鉄道のデキ3となった。モーターは80HP×4。

デキ110形111　◎布袋、1966（昭和41）年頃、撮影：福島隆雄

デキ150形（151）

　渥美電鉄が1939（昭和14）年5月に木南車両でED1として新造した半鋼製凸型電気機関車である。台車はブリルでモーターはWH、制御器・制動機はGE製と特異な存在であった。名鉄合併でデキ150形となり、豊橋鉄道へ分離後も渥美線に残り最後はデキ201として1984（昭和59）年に生涯を終えた。モーターは50HP×4。

デキ150形151
◎高師、1954（昭和29）年7月、撮影：倉知満孝、NRA所蔵

デキ200形（201・202）

　瀬戸電気鉄道が1927（昭和2）年貨物輸送を強化するに際し日本車輌で2両新造した全鋼製凸型電気機関車。最初はポールを装備した。三河鉄道のキ10・11（名鉄デキ301・302）に似ているが600V機で、瀬戸線昇圧まで主力機として活躍した30t電機である。1978（昭和53）年の廃車後デキ202は瀬戸市民公園で保存された。モーターは100HP×4。

デキ200形202　◎喜多山、1967（昭和42）年頃、撮影：清水武

デキ250形（251・252）

　1952（昭和27）年、関西電力が丸山ダムを建設するに当たり、八百津線の終点から現場まで専用線を建設し、電気機関車も日立製作所で2両新造した。この機関車は全溶接構造の凸型車体を持った新鋭機だった。ダム建設終了後の1954（昭和29）年に名鉄が譲り受けた。251は600V機のまま広見線で使用後、瀬戸線へ移り、1969（昭和44）年に北恵那鉄道へ譲渡され中津町の入換で活躍した。252は1500V化のうえで譲受し犬山線、常滑線などで使用。1968（昭和43）年5月にモーターを焼損して休車、9月に廃車された。モーターは90kW（120HP）×4。

デキ250形252　◎堀田、1955（昭和30）年11月、撮影：白井昭

デキ300形（301 〜 306）

　デキ300形は301〜306と6両を数えるが、出自は3種類に分かれる。301、302は三河鉄道が電化に際し、キ10形10、11の2両を日本車輌で製造した。次いで1929（昭和4年）までに三菱造船製の3両（12〜14）を増備した。さらに1936（昭和11）年には一畑電気鉄道から1両を購入して15とし、名鉄合併後はデキ301〜306となった。モーター、制御器、制動機はいずれも三菱製と共通であり、301、302が他と異なるのは運転室中央の窓がある事と車体側面の通風口の数の違い、連結器が柴田式でないことである。2014（平成26）年までに全車廃車され、303は舞木検車場で入換用として残ったが車籍はない。モーターは100HP×4。

デキ300形306　◎刈谷、1955（昭和30）年頃、撮影：福島隆雄

デキ360形（361 〜 363）

　愛電最初の電気機関車。600V 時代の1923（大正12）年7月の日本車輌製凸型機である。1925年には2両を増備した。最初はトロリーポールとバッファーを装備した。モーター、制御器はWH製の輸入品であったが、台車はNSKだった。362、363の車体は全鋼製であるが台車はブリルと日車製である。昇圧はされず、362は渥美線に

デキ360形363　◎尾張瀬戸、1965（昭和40）年11月、撮影：白井昭

転属したまま豊橋鉄道へ移籍しデキ211となり、361は西尾線で使用後、1965（昭和40）年に廃車。363は瀬戸線で入換に用いられ1967（昭和42）年に廃車された。モーターは361が65HP×4、362・363が50HP（*諸元表の年度により50〜85HP）×4。

デキ370形（371 〜 379）

　最初の2両は1925（大正14）年1月製のボールドウイン製の輸入機であり362、363より先に製造された複電圧機である。そのためパンタグラフとポールを装備して登場した。モーター、制御器、制動機はWHである。アメリカ製のためインチ寸法で設計され、増備された日本車輌製とは若干寸法が異なっている。増備は1500V機として1926〜1929（大正15〜昭和4）年にかけて実施され、9両となった。モーターなど電機品は輸入機と同じであった。西部線昇圧後は1〜4が西部線、5〜9は東部線配属となった。貨物輸送が減少し始めた1965（昭和40）年の372から廃車が始まり、1967（昭和42）年から378が新川工場、379が鳴海工場の入換機となる。最後は376、379、378が喜多山と舞木で廃車になった。モーターは65HP×4。

デキ370形378　◎神宮前西、1960（昭和35）年、名鉄資料館所蔵

デキ400形（401・402）

　愛電・名鉄の電気機関車のシンボル的存在である。唯一の箱型機で愛電が1930（昭和5）年に日本車輌で製造したが、モーター、制御器、制動機はWH製を付けている。当初はパンタグラフを2個装備していた。かつては、三岐鉄道や岳南鉄道に貸出したこともある。三河線や本線東部を中心に活躍し、貨物列車廃止後も工事列車用に残されたがEL120形に後を託し2016（平成28）年廃車された。モーターは125HP×4。

デキ500形（501）

　名鉄が1940（昭和15）年3月に上田電鉄から購入した川崎造船製の電気機関車。小田急電鉄、西武鉄道でも同型機が見られた。名鉄最強機として東部線などで活躍したが、名鉄では制動方式が異形であったことから、1970（昭和45）年に岳南鉄道へ譲渡された。モーターは150HP×4。

デキ600形（601〜604）

　東芝戦時型と呼ばれる凸型電気機関車。当初は1両のみの購入予定で1943（昭和18）年に601が入線するが、日車で製作予定だったデキ701の代機として602が、そして日本窒素肥料が海南島に発送できなくなった2両を603，604として1945（昭和20）年に追加購入している。白井昭氏の証言によると、当時社内で「海南島」と呼ばれ、車体にはサイド集電の準備があったという。デキ400・500とともに「大デキ」と呼ばれる強力機の一員として重用された。名鉄貨物輸送終了後もデキ400形とともに工事列車用に残されたが2015（平成27）年7月4両とも引退した。モーターは110kW（150HP）×4。

デキ800形（801〜803）

　1944（昭和19）年鳴海工場製の1500V用木造電気機関車。スタイルは600形をモデルにしたという凸形。製造当初の電装機器は元碧海電鉄のモ1011〜1013からのドイツ製のアルゲマイネの50kW（65HP）モーターを転用した。台車はブリル27MCBと手持ち部品を集めた。非力だった801のモーターはのちにTDKの516−E（80HP）に交換した。戦後801は西部線用、802は鳴海工場入換機、803は築港線用となったが、1960（昭和35）年に803が廃車。残り2両も1966（昭和41）年までに廃車。モーターは801が80HP×4、802・803が65HP×4。

デキ400形402　◎神宮前西、1960（昭和41）年頃、撮影：清水武

デキ500形501　◎堀田、1956（昭和31）年7月、撮影：白井昭

デキ600形602　◎神宮前西、1956（昭和31）年11月、撮影：白井昭

デキ800形801
◎新川工場、1956（昭和31）年7月、撮影：白井昭

デキ850形（851）

　1944（昭和19）年新川工場製の600V用木造凸型電気機関車。スタイルは800形と似ている。ＷＨの516－Ｊモーターを装備し、日車Ｃ－12台車を履き直接制御であった。1954（昭和29）年12月に豊橋鉄道へ移籍し、1966（昭和41）年3月に廃車された。モーターは50HP×4。

デキ850形851
◎高師車庫、1955（昭和30）年12月、撮影：白井昭

デキ900形（901）

　1944（昭和19）年製の小型電気機関車。日鉄自動車製の規格型車体を持つ。台車はＴＲ－14を履きモーターはＧＥ製という寄せ集めである。軽量のためコンクリートの死重を積んでいて、見かけと異なり自重が35ｔもある。主に築港線で使用され、1965（昭和40）年に廃車された。モーターは125HP×4。

デキ900形901　◎東名古屋港、1957（昭和32）年、撮影：福島隆雄

デキ1000形（1001 ～ 1006）

　尾西鉄道が1924（大正13）年に製造した木造の電動貨車デホワ1000形で計6両が日本車輌で製造された。名鉄合併後デワ1000形となった。戦時中の電車不足で、1003・1004号は貨物室に窓を付けて電車（モ1300形）として運用された時期もある。1952（昭和27）年に機関車化され、デキ1000形となったが、外観は電動貨車のままだった。1960 ～ 64（昭和35 ～ 39）年に全車廃車となり、1003は北恵那鉄道へ譲渡された。600V車でモーターは65HP×4。

デキ1000形1001　◎犬山、1960（昭和35）年、撮影：福島隆雄

デキ1500形（1501・1502）

　名岐鉄道が1934（昭和9）年に日本車輌で2両製造した木造の電動貨車デホワ1500形。名鉄となってデワ1500形と名称変更。1949（昭和24）年の昇圧改造の際、荷物室に機器を搭載したために機関車に変更されてデキ1500形となった。昇圧後も主に西部線で使用。1966（昭和41）年廃車。モーターは85HP×4。

デキ1500形1501
◎須ヶ口、1955（昭和30）年11月、撮影：白井昭

デワ1形（1・2）

　瀬戸電気鉄道が名古屋電車製作所で1920（大正9）年に製造した電動貨車デワ1形。名義は有蓋車だが無蓋車風の車体形状で、名鉄合併後も最後まで瀬戸線で使用された。1960（昭和35）年廃車。荷重3ｔ。モーターは37HP×2。

デワ1形2
◎尾張横山（現・新瀬戸）、1960（昭和35）年4月、撮影：白井昭

デワ10形（11・12）

　1914（大正3）年伊那電気鉄道松島工場製の三河鉄道デワ1形で、岡崎市内線用の電動貨車。岡崎電気軌道が国鉄貨車の直通運転を開始するにあたり、伊那電の電動貨車2，3を譲受したものだが、納車されたのは三河鉄道に合併後の1928（昭和3）年だった。名鉄合併後デワ10形となり、岡崎市内線廃止の1962（昭和37）年まで使用された。荷重5 t。モーターは50HP×2。

デワ20形（21・22）

　美濃電気軌道が名古屋電車製作所で1922（大正11）年に製造した電動貨車デワ600形。5両製作されたが、美濃電時代に3両が電装解除されている。名鉄合併後デワ20形となり、美濃町線、岐阜市内線などで貨物輸送を行った。1964（昭和39）年廃車。荷重3 t。モーターは40HP×2。

デワ30形（31〜33）

　渥美電鉄が開業用に1923（大正12）年に製造した電車デハ100形は、名鉄合併後モ1形となり、1943（昭和18）年に電動貨車に改造されデワ30形となる。1954（昭和29）年に渥美線が豊橋鉄道へ分離されると共に豊橋鉄道へ移籍。駅等の入換に使用され、最後に残った1両（33）はデワ10形（11）に改番され1997（平成9）年まで使用された。荷重5 t。モーターは65HP×2。

デワ350形（351）

　愛知電気鉄道が1921（大正10）年に野上製作所で製造した電動貨車。愛電が客貨分離のため投入した動力車で、当初は機関車として入籍させる予定が鉄道省の審査で電動貨車とされた経緯がある。600V車で本線昇圧後は西尾線で使用。1940（昭和15）年廃車。台車はデキ362に転用。台枠を利用しサ2171が製作される。荷重10 t。モーターは50HP×4。

*注：モーターは昇圧や載せ替えにより、途中で出力が変わる場合があった。

デワ10形11　◎殿橋、1962（昭和37）年5月、撮影：白井昭

デワ20形22　◎赤土坂、1963（昭和38）年5月、撮影：白井昭

デワ30形31　◎花田貨物駅、1965（昭和40）年、撮影：清水武

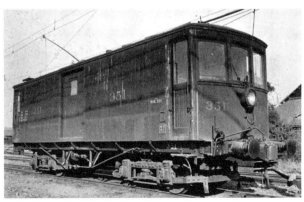

デワ350形351　◎昭和初期、名鉄資料館所蔵

（2）DED8500物語

　名鉄車両史の中でも特異な存在はアメリカ製のディーゼル電気機関車の存在ではなかろうか？　今回貨物輸送の歴史をまとめる中で、白井昭氏の写真を多数お借りすることが出来たが、DED8500の姿も多く記録されていた。今までファン誌でも取り上げられることが少なかったこともあり、今回写真と白井氏からの聞き取りを基にまとめることにした。

1.国鉄DD12形

　太平洋戦争の末期に米軍が占領地で使用するため製造した軍用機関車を、戦後日本に持ち込んだものである。車体、電気品はジェネラルエレクトリック社製、エンジンはキャタピラトラクター社製の電気式内燃機関車である。1946（昭和21）年4月26日、米軍はDL 13両分の機材を横浜高島桟橋に持ちこみ、国鉄は調査の上、大宮工場で8両分を機関車として組み立てた。1952（昭和27）年3月31日、米軍機扱いから借り

国鉄DD12形。主として首都圏で使用された。
◎品川、1963（昭和38）年3月、撮影：白井昭

上げとし、東京鉄道管理局所属とした。8584～8589のうち8584と8589の2両を1956（昭和31）年6月17日認可で名鉄が購入した。8587は1961（昭和36）年9月に八幡製鉄所に引き取られD402となり、1967（昭和42）年3月13日に廃車された。国鉄は、番号順にDD121～125として使用した。国鉄では「ディーゼル機関車は製作費が安価で架線敷設などの地上設備も必要ない」としながらも当時は入換用に転用する小型蒸気機関車が大量にあり、内燃機関と電気駆動方式の機関車は戦時の中断もあり、国鉄では8500形を凌ぐ後継車は生まれなかった。それでも使用成績は良く関東地区では山手線で貨物を牽く姿が見られたし、品川周辺で入換用に活躍する姿も見られた。最近JR東海で内燃機関で発電する電気で駆動する電車（HC 85）を開発しているがその元祖と言えるのか？

2.名鉄8500形

　1956（昭和31）年、米軍からの払い下げで電気式ディーゼル機関車2両を引き取った名鉄ではDED8500形8584、8589と附番した。名鉄の新川工場へ来たときは「UNITEDSTATES ARMY」と標記があり、番号は軍番号をそのまま使ったのだろう。その後8589を各務原線新那加駅に配置し、8584は小牧線用とした。当時朝鮮動乱も終結し、各務原線での進駐軍輸送はピークを過ぎていたが、それまでの蒸気機関車（1017、1024）に代わり、各務原線新那加駅や新鵜沼駅での国鉄線との貨車の授受や小牧線豊山（信号所）から小牧空港までの航空機燃料輸送に従事した。これも1958（昭和33）年6月1日、駐留軍部隊の撤退を受けこの地区での必要がなくなり東名古屋港へ移動した。

名鉄へ来た8589。UNITED STATES ARNY と標記されていた。
◎新川工場、1956（昭和31）年7月
撮影：白井昭

8500形の使用開始に先立ち、当時、新進気鋭の名鉄車両部の技術者（係長）で新技術にも詳しい白井昭氏が教師となり、運転関係の要員を対象に津島駅構内で教習が行われた。その後のメンテナンスも新川工場が担当した。津島線と言えば、後年「たかやま」号としてデビューするキハ8000系の教習運転も実施された。思えば津島線は気動車と縁のある線区、駅である。当時津島駅の広い構内と津島線の線路容量に余裕のあることから選ばれたのだろう。1956（昭和31）年10月には、電化前の豊山信号所から小牧空港への専用線で入線試験をする写真が残っている。これが犬山地区での最後の活躍であろう。

1957（昭和32）年5月には、新那加駅で国鉄線との貨物授受をするDED8500の写真が残されている。

1958（昭和33）年の年末以降、DED 8500は東名古屋港、名電築港駅6〜9号地での写真が多く残されており、この頃は東名古屋港付近の貨物線で活躍していたSLが引退し、2両の8500形が交代で貨物輸送を担うことになった。

そんな中、1959（昭和34）年9月にこの地を襲った伊勢湾台風は、名古屋市南部を中心に、大被害をもたらし、特に知多半島の根本に位置する名鉄常滑線北部は浸水被害、道床流失や車両の水没など甚大な被害が発生した。尾西地区の浸水ではC351が水没車両の引き出しに活躍したが、常滑線・築港線ではDED8500形が大活躍することになった。もともと軍用車であった8500形は水に強く、白井氏の証言によれば「とにかく8500は丈夫でキャタピラのエンジン、GEのモーターは頑丈で戦地での酷使に耐え水に強く、伊勢湾台風時には、浸水後まもなく水が引くと泥水にも耐え、稼働出来た」という。

8500形は新川工場が整備を担当した。
◎新川工場、1956（昭和31）年7月、撮影：白井昭

8500形の運転要員の研修記念撮影。中央の白井昭氏が教師となって実施された。◎津島、1956（昭和31）年、撮影：白井昭

（再掲）豊山から小牧基地に向かう専用線。ディーゼル機関車（DED8500形）の導入に伴い、SLを置き換えるための入線試験を行った。◎1956（昭和31）年10月、撮影：白井昭

新那加〜国鉄那加駅で入換中のDED8589。
◎1957（昭和32）年5月
撮影：白井昭

伊勢湾台風で浸水した常滑線柴田～名和間でDED8500形が電車を牽引して試運転。◎1959(昭和34)年11月、撮影:白井昭

石油満載のタンク車を牽引して、9号地から潮見橋を渡るDED8500形。
◎東名古屋港の貨物専用線　1959(昭和34)年1月、撮影:白井昭

神宮前西駅を出発し常滑線の貨物列車を牽引するDED8500形。伊勢湾台風直後はデキの代役で常滑線の貨物も牽引した。
◎伝馬町信号場、◎1959(昭和34)年10月14日、撮影：白井昭

（因みにその時DB3は鳴海に居り、水没を免れ、東名港へ応援に入ったという。）そのため道床が顔を出した線路を8500が電車を牽いて走る姿が見られた。

　それには「ＧＥ社のモーターのヘリカルギアにはホーニング仕上げが施され、キャタピラのエンジンも水に強く、図らずも軍用機関車としての8500の強靭さが実証された。」とは白井氏の思い出である。

　ヘリカルギアについては先の小牧時代に「修理の際ギアボックスの盲栓（めくらせん）の取り付けを忘れ、油漏れのまま走ったことがあったが、後で点検したところギアには異常がなく復旧できた。」という。GEの軽量、高速モーターはギア比が11.2：1という驚異的なもので、架線電源に頼らないため過剰、異常電流の心配もなくOCR（過電流継電器）も不要だった。ブレーキはウエスチングハウスのEL14を装備し、キャタピラ・GE・WHと三大メーカの競演だった。今一つ驚きは「バッテリーも長持ちでほとんど交換しなかった。」という。車体長10,470、幅2,743、高さ3,505㎜の車体は武骨だったが、戦車並みのエンジンを武器に頑丈さを発揮したのである。白井氏の感想は「とにかく、頑丈で丈夫な機関車だった。」との感想に尽きるようだった。

　東名古屋港の主となっていた8500形が1959（昭和34）年11月に神宮前〜豊田本町間の国道1号線の新跨線橋を行く記録写真は、伊勢湾台風後の短い期間、モーターの乾燥と整備に追われた電気機関車の不足で、神宮前まで足を延ばしたことの証であり、2両の8500形が伊勢湾台風後の9号地からのタンク車による石油輸送を支えたのである。

　最後は1966（昭和41）年廃車となり、その後フィリピンへ売られたが、1978（昭和53）年12月にマニラで廃棄されたというので、国鉄に残った仲間より長生きしたことになった。なお1945（昭和20）年3月、最初はフィリピンに陸揚げされ約1年間使用され、日本軍からフィリピンを奪還したマッカーサー元帥を記念する装飾が施されたという。

　参考　1、レイルRail　No70 2009年10月　（株）エリエイ
　　　　2、沖田祐作『機関車表　国鉄編Ⅱ』「Rail Magazine」2008年10月号特別付録

（3）名鉄の内燃入換機関車

　名鉄の内燃機関車は、歴代ではのべ28両もの多数におよぶ。そのほとんどは入換用の小型機を荷主や通運業者が車籍編入したもので、名鉄が保有したものはDB3、DED8584・8589の3両にすぎない。この3両は名電築港の県有貨物線で使用されたものだが、伊勢湾台風被災直後はいずれも築港線で本線運用に就いたこともある。（DED8584・8589については別項で記載）

　専用線の内燃入換機（私有機）とは、戦後、人力入換の合理化のために、各社で小型内燃機関車が導入されるが、貨車授受で営業線に乗入れたり、あるいは保守委託の都合などから名鉄に車籍編入されたもの。所有者都合による別事業所への異動や、名古屋臨海鉄道への移籍、あるいは使い潰されるなどで入れ替わりが激しかった。

GB1形GB1

　加藤製作所製の8t機。機関はガソリン機関のカトウK3（50PS/1,000rpm）で変速機は機械式4段。チェーン駆動で車輪径は610mm。制動は手制動のみ。資料不足で形態は不明だが、DB2と同形のエンドキャブ機であったと思われる。製造は入籍年の1951（昭和26）年とされるが、製番による裏付けが取れず嫌疑がある。同年製のカトウK3機関搭載機で製造台帳を確認すると、日本石油輸送の私有機であった可能性が高い。名電築港の県有貨物線内で使用されたが1957（昭和32）年度に廃車。恐らく他所に転じたと思われる。

DB2形DB2

　1951（昭和26）年加藤製作所製の10t機。機関は日野DA50（72PS/1,200rpm）で変速機は機械式4段。チェーン駆動で車輪径は610mm。制動は手制動のみ。典型的な加藤の規格型エンドキャブ機である。日本通運の私有機で、当初は名電築港に配置されたが、1959（昭和34）年に矢作橋の東洋レーヨン側線に転じた。1969（昭和44）年12月廃車。

DB2　◎矢作橋、1968（昭和43）年7月、撮影：清水武

DB3形DB3

　1951（昭和26）年汽車会社製の12t機。機関は日野DA55（85PS/1,200rpm）で変速機は機械式4段である。ジャック軸駆動で車輪径は610mm。制動は手制動および空気制動。形態は限りなくL型に近いセミセンターキャブである。汽車が戦後はじめて製造した内燃機関車で、数ヶ月後に岡山臨港鉄道などに納入された20t機と比べると無骨なデザインである。入換機では本機のみ名鉄所有で、DEDとともに県有貨物線の本務機であった。1966（昭和41）年10月廃車。秩父鉄道に譲渡され、同社熊谷工場で無籍の入換機になった。

DB3　◎新川工場、1955（昭和30）年2月、撮影：白井昭

DB4形DB4

1953（昭和28）年加藤製作所製の15 t 機。機関は日野DA54改（85PS/1,200rpm）で変速機は機械式4段。チェーン駆動で車輪径は660mm。制動は手制動および空気制動。モデルチェンジ前の加藤15 t 標準型で、ボンネットが分割式ラジエターのため角ばった造形である。日本通運の私有機で、名電築港の県有貨物線で使用。1963（昭和38）年 5 月廃車。

DB5形DB5

1954（昭和29）年日本輸送機製の 8 t 機。機関は日野DS11A（60PS/1,300rpm）で変速機は機械式4段。ジャック軸駆動で車輪径は660mm。制動は手制動のみ。カタログ形式DL8-MR-1067とされるセミセンターキャブの規格機で、国鉄ではE形貨車移動機とされるもの。日本レイヨンの私有機で、大樹寺の工場構内で使用。1970（昭和45）年 1 月廃車。

DB6形DB6

1955（昭和30）年加藤製作所製の15 t 機。機関は日野DA57（85PS/1,300rpm）で変速機は機械式 4 段。チェーン駆動で車輪径は762mm。制動は手制動および空気制動。加藤15 t エンドキャブ機のボンネットが、ラジエター一体の丸型にモデルチェンジされた後の製品である。日本通運の私有機で、名古屋臨海鉄道開業後も東名古屋港の東洋レーヨン側線で使用のため名鉄に残留。1970（昭和45）年 9 月に除籍され、新守山のアサヒビール側線に転じている。

DB7形DB7

1955（昭和30）年加藤製作所製の10 t 機。機関はカトウKD6（85PS/1,300rpm）で変速機は機械式4段。チェーン駆動で車輪径は610mm。制動は手制動。恐らくDB2の同型機と思われる。日本通運の私有機で、名電築港の県有貨物線で使用。1960（昭和35）年 9 月に除籍。国鉄線内に転じたとされる。

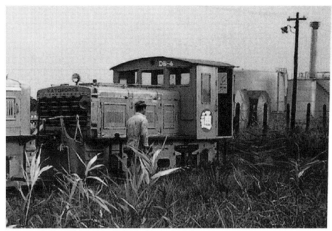

DB4 ◎名電築港県有貨物線、清水武所蔵

DB5 ◎大樹寺、1954（昭和29）年、清水武所蔵

DB6 ◎名電築港県有貨物線、1958（昭和33）年11月、撮影：白井昭

GB8形GB8（←キ1380形1386）

1955（昭和30）年森製作所製とされる7 t 機。機関はいすゞ L頭形ガソリン機関（45PS/1,450rpm）で変速機

は機械式4段。チェーン駆動で車輪径は762mm。制動は手制動。本機は愛知製鋼の私有機で、いわゆる「森ブタ」でないエンドキャブ機だが、その出自に疑問がある。愛知製鋼の前身である豊田製鋼は、森の前身・日本牽引車が1942（昭和17）年に陸軍名古屋造兵廠に納品した1386を購入し、1943年に名鉄に車籍編入したが、戦後の消息が途絶えている。しかし、本機は愛知製鋼の場内専用線から転用したことが判明しており、要目も1386と近似するため、同機の再編入と考えると辻褄があう。配置は聚楽園。1962（昭和37）年6月廃車。

DB9形DB9

　1957（昭和32）年加藤製作所製の15t機。形態はDB6とほぼ同形だが、岡村BM-204変速機を搭載する液体式機関車で、機関も日野DA58（135PS/1,300rpm）であった。日本通運の私有機で、名電築港の県有貨物線で使用。1965年の名古屋臨海鉄道開業にあわせて同社に移籍するが、1970（昭和45）年に復籍し翌年8月に廃車。西浜松の三社合同側線に転じた。

GB10形GB10・11

　1956（昭和31）年トヨタ自動車工業製の10t機。機関はシリンダ径90×101.6mm6気筒のガソリン機関（75PS/2,000rpm）とあるので、恐らくトヨタBであろう。変速機は機械式4段でチェーン駆動、車輪径は610mmである。制動は手制動。形態はエンドキャブで直線基調の装飾性のないデザインである。両機はキャブの作りがやや異なり、GB10がリブ鋼板製であるのに対し、GB11は平板を用いている。トヨタ自工の私有機でトヨタ自動車前の本社工場に配置。1969年にGB10が三栄組に譲渡され、豊田自動織機・愛知製鋼刈谷工場側線に転属。GB11は土橋の元町工場に転じた後、1971（昭和46）年2月に廃車。

GB10　◎トヨタ自動車前、1957（昭和32）年、清水武所蔵

GB11　◎トヨタ自動車前、1957（昭和32）年、清水武所蔵

DB12形DB12

　加藤製作所製の8t機。機関はトヨタD（63PS/1,300rpm）。変速機は機械式4段でチェーン駆動、車輪径は610mmである。制動は手制動。形態はエンドキャブで、Hゴムを多用する「垂れ目」キャブが特徴。名鉄では1959（昭和34）年製とされ、現車も昭和30年代らしいフォルムであるが、加藤の製造台帳には本機の記録がない。トヨタ自動車工業の私有機で本社工場に配置。1975（昭和50）年10月廃車。

DB12
◎トヨタ自動車前、1959（昭和34）年
清水武所蔵

DB15形DB15

　1973（昭和48）年日本車輌製の15 t 機。本機は比較的新しい車両であるが、名鉄の現況解説記事で触れられずに終わっており、機関出力が153PSであることや、製造番号が2975である程度しか判明していない。製造番号の近い同系機から類推すれば、後述するDB75・76と同形のエンドキャブ機であったと考えられる。所有者についても名古屋パルプ説と日本車輌大江工場説の両説がある。1988年12月廃車。

DB20形DB20

　1956（昭和31）年日本車輌製の20 t 機。機関は振興DMH17B（160PS/1,500rpm）で変速機は振興TC-2。ジャック軸駆動で車輪径は860㎜。制動は手制動および空気制動。エンドキャブで機関車らしい形態をしており、内燃機関車進出が遅れた日車にとって、中小私鉄や産業用小型機のプロトタイプの一つになった。名古屋パルプの私有機で、配置は可児川（ライン遊園前）。1963年10月廃車。恐らく他所に転じたと思われる。

DB20　◎日本車輌工場内、清水武所蔵

DB30形DB31・32

　1960（昭和35）年日本輸送機製の10 t 機。機関はトヨタ2D（95PS/1,800rpm）で変速機は岡村RM-18。ロッド駆動で車輪径は762㎜。制動は手制動および空気制動。半キャブのセミセンターキャブ機で、カタログ形式DL10-MC-1067とされる規格型の貨車移動機である。トヨタ自動車工業の私有機で土橋の元町工場に配置されたが、のちDB32は本社工場に移動し1975（昭和50）年 1 月に廃車。DB31の廃車は1988（昭和63）年12月。

DB31　◎トヨタ自工元町工場、清水武所蔵

DB32　◎トヨタ自工元町工場、清水武所蔵

DB40形DB40

　1960（昭和35）年加藤製作所製の10 t 機。機関は三菱DB31L（120PS/1,800rpm）で変速機は岡村RM-118。ロッド駆動で車輪径は762㎜。制動は手制動および空気制動。形態はセミセンターキャブで、正面四枚窓全キャブ型の国鉄F形貨車移動機に相当する。愛知製鋼の私有機で聚楽園に配置。名鉄の貨物営業廃止後は長期休車で、除籍は1997（平成 9 ）年度である。

DB40　◎聚楽園、清水武所蔵

DB45形DB45

　1960（昭和35）年日本輸送機製の20 t 機。カタログ形式DL20-HC-1067とされる規格型のエンドキャブ機で、機関は日野DL12（150PS/1,600rpm）、変速機は新潟DB-115。ロッド駆動で車輪径は860㎜。制動は手制動および空気制動。日本通運の私有機で、名電築港の県有貨物線で使用。1965（昭和40）年8月の名古屋臨海鉄道開業にあわせて同社に移籍した。

DB45　◎名電築港県有貨物線、清水武所蔵

DB45形DB46

　1961（昭和36）年日本輸送機製の20 t 機。機関が振興DMH17C（180PS/1,500rpm）で、総括制御機能を持つ点がDB45と異なる。愛知製鋼の私有機で聚楽園に配置。本機は1965（昭和40）年以降の廃車だが正確な期日は不明。あるいは愛知製鋼の場内専用線に転じた可能性もある。

DB46　◎聚楽園、清水武所蔵

DB50形DB51

　1961（昭和36）年加藤製作所製の20 t 機。機関は日野DA59A2（200PS/1,800rpm）で変速機は岡村RM-20。ロッド駆動で車輪径は860㎜。制動は手制動および空気制動。機関車らしい本格的なキャブをもつエンドキャブ機で、ボンネット上にマフラーが露出するのが特徴であった。日本通運の私有機で名電築港の県有貨物線で使用。1965（昭和40）年8月の名古屋臨海鉄道開業にあわせて同社に移籍した。

DB51　◎名電築港県有貨物線、1965（昭和40）年8月、撮影：白井昭

DC60形DC61

　1963（昭和38）年加藤製作所製の25 t 機。機関は振興DMH17C（180PS/1,500rpm）で変速機は振興TC-2。ロッド駆動で車輪径は860mm。制動は手制動および空気制動。形態はエンドキャブである。名鉄唯一のC形内燃機であるが、加藤にとっても集大成となる最大の機関車であった。日本通運の私有機で名電築港の県有貨物線で使用。1965（昭和40）年 8 月の名古屋臨海鉄道開業にあわせて同社に移籍した。

DC61　◎名電築港県有貨物線、清水武所蔵

DB70形DB71

　1963（昭和38）年日本輸送機製の15 t 機。カタログ形式DL15-HC-1067とされる規格型のエンドキャブ機で、機関は日野DA59（153PS/1,800rpm）で変速機は岡村RM-20。ロッド駆動で車輪径は860mm。制動は手制動および空気制動。森上の三興製紙の私有機で、1979（昭和54）年 5 月に廃車。坂祝の小西砕石に転じた。

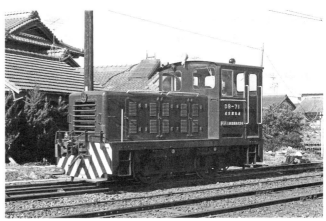

DB71　◎森上、1974(昭和49)年12月、撮影：田中義人

DB75形DB75・76

　日本車輌製の15 t 機、機関は日野DA59（153PS/1,800rpm）で変速機は新潟DB-110。ギア駆動で車輪径は820mm。日車の産業用規格型エンドキャブ機で、各地に同形機が存在する。DB75は1963（昭和38）年製で名古屋パルプの私有機。ライン遊園の側線で使用され、貨物営業廃止にともない1982（昭和57）年 7 月に廃車。坂祝の小西砕石に転じた。DB76は1969（昭和44）年製でユニチカの私有機。DB5を置き換えたが、国鉄岡多線の開業で1971（昭和46）年10月に廃車。日本通運に売却され、笠寺の三井東圧ほか3社専用線に転じている。

DB75　◎ライン遊園(現・可児川)、1964(昭和39)年9月、撮影：白井昭

DB80形DB81

　1965（昭和40）年日立製作所製の25 t 機。機関は振興DMH17C（180PS/1,500rpm）で変速機は振興TC-2。ロッド駆動で車輪径は860mm。カタログ形式HR-25Bとされる規格型エンドキャブ機で、各地に同形機が存在する。日本通運の私有機で名電築港の県有貨物線で使用。1965年8月の名古屋臨海鉄道開業にあわせて同社に移籍しており、名鉄機としては極めて短命であった。

（4）内燃入換機諸元表

1964(昭和39)年1月『車両一覧表』(名古屋鉄道車両部)の内燃機関車の頁を抜粋

第7章

貨車

名鉄最後の新造貨車ワム6000形(ハワイアンブルーの塗色で登場)の試運転
◎今村(現・新安城)、1962(昭和37)年8月、撮影:白井昭

（1）名鉄の貨車

　名鉄は戦前期に愛知・岐阜県下の私鉄を統合して成立した経緯から、引き継いだ車両も多数に上る。当初は東部線と西部線が接続しておらず、さらに各線区の独立性も高いことから、改番せずにそのまま使用されたが、1941（昭和16）年の三河鉄道合併前後に中規模な改番を行い、引継元の形式をベースとする自然発生的な番号体系が成立した。

　この「1941年改番」を起点にすると歴代で85形式の貨車が存在し、最盛期の1950年には892両が在籍した。

　名鉄の貨車は有蓋車と無蓋車が同数程度在籍するが、特徴として通風車を保有していたことと、そして私有車の存在が挙げられる。特に私有車は国鉄の私有貨車制度とは似て非なるもので、名鉄の貨物輸送を特徴づけるものであるため、別稿にて詳述したい。

　当時の私鉄貨車は国鉄直通車として使用されたものが多く、直通車は識別のため番号の下に白線二条を引いている。また、引継車両には空気制動を持たない車両も多く、規定上、未設置車には「＋」印が記入されている。

　1961年4月に国鉄直通車の空気制動設置が義務化されたが、名鉄の貨車は大正末期以前に製造された車両が多かったため、そのまま廃車されたものが多い。その後、1968年10月の、いわゆる「ヨンサントウ」のダイヤ改正で国鉄貨物列車の速度が引き上げられるが、名鉄は対応可能な二段リンク式の貨車をワム6000形25両しか保有していなかったため、これを境に一気に数を減らすことになる。以下、在籍各形式について解説するが、紙幅の都合で概略を述べるにとどまることをお詫び申し上げる。

ワ610形658　◎神宮前西、1959（昭和34）年11月、撮影：井上大令

車種記号について
　貨車の形式につく記号は国鉄貨車に準じ、構造・用途記号と荷重記号を組み合わせる。名鉄における構造・用途記号は、有蓋車：ワ、通風車：ツ、無蓋車：ト、長物車：チ、ホッパー車：ホの5種で、手制動を持つものはさらに「フ」をつける。そのため、名鉄の場合、無蓋緩急車ではない「トフ」が存在する。荷重記号は13 t以下にはつけず、14〜16t：ム、17〜19t：ラ、20〜24t：サ、25t以上：キである。一例をあげるとツム5500は「通風車14〜16 t積」ということになる。

ワ1形（1・2）

　美濃電気軌道ワ204と谷汲鉄道ワ1の引継車。1926（大正15）年製の10 t 積木造有蓋車で換算は1.0/0.6。出自は2社だが同一設計のため細部寸法の差異はない。国鉄規格に準拠した構造で、軸距も当時の標準値である10フィート（3,048mm）であるが、孤立線の揖斐・谷汲線用のため空気制動が省略され、連結器も1950（昭和25）年に換装されるまでピンリンク式だった。同線の貨物輸送廃止に伴い1963年度に廃車。

ワ1形1　◎忠節、1957（昭和32）年5月、撮影：白井昭

ワ50形（51〜53）

　渥美電鉄ワ501〜503の引継車。荷重10ｔで換算は1.0/0.6。製造は1923（大正12）年だが、開業当初の渥美電鉄は軌道法準拠であることが影響し、車側制動しかない本車に対し、編成単位の制動力不足の懸念から1926年まで設計認可が保留された経緯がある。形態はワ１形とほぼ同一。渥美線の線内用で、1954年に路線ごと豊橋鉄道へ譲渡されている。

ワ100形（101〜112）

　愛知電気鉄道ワ100〜111の引継車。1927〜28年製の10ｔ積木造有蓋車で換算は1.2（のち1.4）/0.6。KD180×300空制を装備し、国鉄直通車として運用された。愛電はトップナンバーを0から附番したが、1941年改番で各形式とも1番からの附番に改番された。同年中にワ111と112の空気制動を撤去し上毛電気鉄道へ譲渡。昭和30年代にワ101のみ鋼体化。1968年に「ヨンサントウ」の影響を受け廃車。

ワ150形（151〜160）

　愛知電気鉄道ワ150〜159の引継車。1929（昭和４）年製の10ｔ積有蓋車で換算は1.4/0.6。ワ100形の増備車だが、車体が鉄骨木造になり自重が若干重くなったため別形式とされた。昭和30年代に全車鋼体化されたが、「ヨンサントウ」の影響で1968年に廃車。

ワ160形（161）

　三河鉄道ワ161の引継車。荷重８ｔで換算は1.0/0.6。空気制動はない。1890（明治23）年製の鉄道院ワ9953を1920（大正９）年に譲受したものだが、申請を忘れ1926年まで無籍であった経緯がある。入籍当初はワ108を名乗るが1931年に改番。背の低い木造車体や柱のない荷扉は原型に近いが、車体側面のX型補強は側柱を入れることで部分的に撤去された。線内用で末期は倉庫部の配給車になった後、1961年度に廃車。

ワ170形（171〜175）

　三河鉄道ワ151〜155の引継車。1902（明治35）年製の鉄道院ワ7566形とワ13963形を1920年に譲受したもので、旧番ワ101〜105を1931年に改番したもの。国鉄ワ１形相当の車体を持つが、軸距が９フィート（2,743㎜）しかないため線内用で、車軸も７ｔ短軸のため８ｔ積である。換算は1.2/0.6。ワ173のみKD180×300空制を装備する。1961年度に形式消滅。

ワ50形52
◎高師、1955（昭和30）年12月、撮影：白井昭

ワ150形156
◎三河高浜、1966（昭和41）年4月、撮影：白井昭

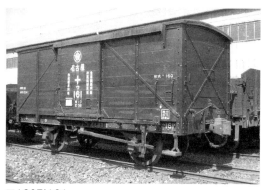

ワ160形161
◎神宮前　1959（昭和34）年4月、撮影：白井昭

ワ170形174
◎神宮前、1958（昭和33）年9月、撮影：白井昭

ワ180形（181 〜 187）

　三河鉄道ワ181 〜 187の引継車。1914（大正3）年製の10 t 積木造有蓋車で換算は1.2/0.6。ワ200形として12両が製作されたが、1931年に改番されるまでに2両が廃車、3両が緩急車に改造されている。製造当初は7 t積であったが、1917年に8 t 積、1927年には10 t 積に増積された。空制はなく線内用。1961年度に形式消滅。

ワ200形（201 〜 213）

　尾西鉄道引継車のうち、未更新のワ36,38,31,48,62,16,15,28,29,7,11,6,2を一形式にまとめたもの。1898（明治31）〜 1905（明治38）年製の6 〜 8 t 積有蓋車。換算は1.0または1.2/0.6。種車により荷重や換算が異なる。形態はワ160形と同等サイズの木造有蓋車で空気制動はない。ワ204 〜 207は1943 〜 48年にかけて戦時附随客車サ41 〜 44とされていたことが特筆される。末期は事故復旧車とされたものが多かった。1968年度形式消滅。

ワ200形203
◎新川工場、1955(昭和30)年12月、撮影：白井昭

ワ240形（241）

　尾西鉄道ワ244の引継車。書類上の製造は1899（明治32）年とあるが、実車は1905（明治38）年製のワ44を1922年に試作的に10 t 積に改造したもの。換算は1.4/0.6。国鉄ワ1形相当の木造車で、狭幅嵩高の車体であった。国鉄直通車として運用されたが、空気制動がなかったため1961年度に廃車。

ワ250形（251 〜 255）

　三河鉄道ワ251 〜 255の引継車。1922（大正11）年製の10 t 積有蓋車で換算は1.2/0.6。形態はワ1形とほぼ同形の木造車である。空気制動はワ254・255のみ後天的にKD180×300を設置している。国鉄直通車として運用され、戦後は私有車になる。1963年度に形式消滅。

ワ300形（301 〜 320）・
ワ450形（451 〜 455）

　三河鉄道ワ301 〜 320、401 〜 405の引継車。恐慌期の貨物減少で小型車の需要が増えたため、1927（昭和2）〜 31年にワム300（のち500）形49両に車内仕切りを設けて10 t 積に減積したもの。1931年に5両が12 t 積になりワ400形として形式分離されたが、換算を変更しただけで再改造はない。景気回復にともない1939年に24両が15 t 積に復元されたところで名鉄統合を迎え、ワ400形はワ450形に改番されたが、いずれも1942年にワム500形に復帰した。

ワ250形251　◎撮影：平野和幸

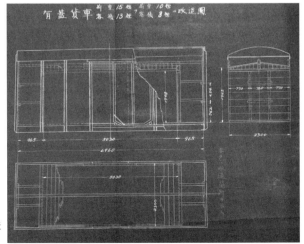

ワ350形減積改造図。ワ300・400形は仕切が天井まであるが車内長が狭い。　◎国立公文書館所蔵

ワ350形（351 ～ 360）

　三河鉄道ワ351 ～ 355の引継車。本車も1931年にワム300（500）形を10 t 積に減積したものだが、車内高の縮小を中心に工事を行ったため形式が分けられている。1942年にワム500形に復帰した。

ワ400形（401 ～ 417）

　尾西鉄道の引継車。旧番はワ401 ～ 412で、413以降は旧名鉄による追加改造である。1897（明治30）～ 1913（大正 2）年製の10 t 積木造有蓋車で換算は1.4/0.6。尾西鉄道の有蓋車のうち国鉄直通車として用いるものを1924 ～ 26年にかけて更新し10 t 積としたもの。ワ241と異なり短軸距のまま台枠や車軸の強化、鋼板扉への交換などを行うが、国鉄の規制にともない1937年に3,000mmへ拡大された。空気制動がないため1962年までに非直通車に格下げられ、1968年度に形式消滅。

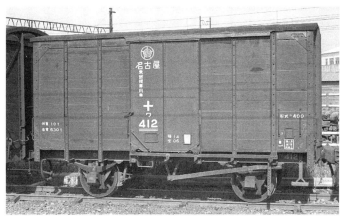

ワ400形412　◎大江、1961（昭和36）年6月、撮影：白井昭

ワ610形（611 ～ 676）

　愛知電気鉄道ワ610 ～ 675の引継車。1922（大正11）～ 24年製の12 t 積鉄骨木造有蓋車で換算は1.6/0.8。構造は国鉄ワ1形など一般的な10 t 車をやや大柄にしたものである。本形式の大半は常滑の荷主負担で私有車として製作されたもの。ワ612と613は渥美線分離時に豊橋鉄道へ譲渡。昭和30年代に一部にKD180×300の設置や鋼体化が施行されたが、1968年度に形式消滅。

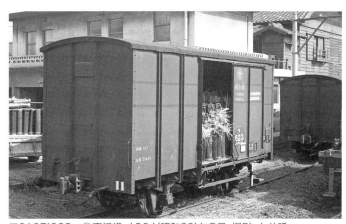

ワ610形623　◎高浜港、1964（昭和39）年8月、撮影：白井昭

ワ700形（701 ～ 712）・
ワ750形（751 ～ 755）

　1948（昭和23）年に国鉄から払下を受けた木造有蓋車。戦災車と思われる国鉄貨車を名古屋造船で更新したもので、旧番号は別表のとおり。荷重は10 t で換算1.4/0.6だが、種車の車体が長いワ755のみ12 t 積で換算1.6/0.8であった。空気制動はワ701、702、710 ～ 712、755のみKD180×300を装備する。いずれにしても種車や空気制動の有無などからは両形式を分ける根拠は見いだせない。全車私有車かつ国鉄直通車であったが、1963年度に形式消滅。

ワ700形704　◎原宿、1951（昭和26）年7月、撮影：伊藤昭

ワム500形（501 ～ 599）

　三河鉄道ワム500形の引継車。1924（大正13）～ 25年製の15 t 積鉄骨木造有蓋車で換算2.0/1.0。車体は同型だが、汽車会社製が短軸で国鉄ワム1形相当、東洋車両製が長軸で国鉄ワム3500形相当となる。1931年に改番される以前の旧番はワム300 ～ 399。三河鉄道時代に1両廃車、49両は前述のとおり恐慌期に車内を仕切り10 ～ 12 t 積となるが、1942年までに復元編入された。国鉄直通車で、昭和20年代よりKC180×300空制を設置。末期はワ610・700形等の振替で私有車になるものも多かった。1968年度形式消滅。

ワム500形519
◎刈谷工場、1958（昭和33）年2月、撮影：白井昭

ワム5000形（5001 ～ 5053）

　愛知電気鉄道ワム5000 ～ 5052の引継車。1923（大正12）～ 25年製の15 t 積鉄骨木造有蓋車で換算2.0/1.0。常滑線の軌道負担力が強化される1925年までは10 t 積として運用されていた。車軸は短軸のため国鉄ワム1形相当である。国鉄直通車で、昭和20年代よりKC180×300空制を設置。ワム5001 ～ 5013は生まれながらの私有車で、末期は在来車の振替として一部が追加で私有車になった。ワム5014 ～ 5019は渥美線分離時に豊橋鉄道へ譲渡。1968年度形式消滅。

ワム5000形5040　◎堀田、1959（昭和34）年、撮影：白井昭

ワム5100形（5101 ～ 5107）

　尾西鉄道ワム601 ～ 605および東美鉄道ワム1,2の引継車。15 t 積鉄骨木造有蓋車で換算2.0/1.0。前者が1924年製で短軸のため国鉄ワム1形、後者が1928年製で長軸のため国鉄ワム3500形相当となる。空気制動は前者は昭和20年代にKC180×300を設置、後者は製造時よりKD180×300を装備する。国鉄直通車として用いられ、末期はワム5101 ～ 5103,5105が私有車になっている。1968年度形式消滅。

手前の廃車体がワム5100形。中央のワム5000形と大差ないことがわかる。◎大江、1969（昭和44）年11月、撮影：白井昭

ワム5200形5221
◎堀田、1959（昭和34）年3月、撮影：白井昭

ワム5200形5212（鋼体化後）
◎喜多山、1996（平成8）年3月、撮影：澤内一晃

ワム5200形（5201～5235）

1942～43年製の15t積鉄骨木造有蓋車で換算2.0/1.0。戦時輸送に対処するため名鉄が投入した国鉄直通車。国鉄ワム50000形と同一設計で、製造当初よりKC180×300空気制動を装備する。昭和30年代に全車鋼体化されたが車体側面の補強アングルは残された。車齢は新しかったが「ヨンサントウ」にともなう二段リンク化は行なわれず、1968年以降は事故復旧車として一部が残るのみであった。2007（平成19）年に形式消滅。

ワム5500形（5510・5511）

1962（昭和37）年にツム5510と5505を種車に改造された15t積鉄骨木造有蓋車で換算2.0/1.0。透かし張り構造の車体を埋められ、実質的にワム5000形と同一構造となるが、事故復旧車として二位側妻面に高さ1,245×幅1,500mmの観音開戸を持つ。1978年に形式消滅。

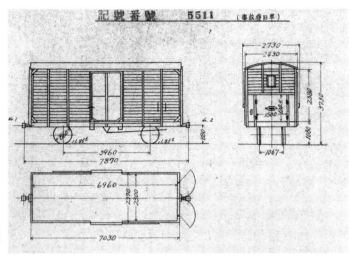

ワム5500形5511事故復旧車竣工図
◎名鉄資料館所蔵

ワム6000形（6001～6025）

1962（昭和37）～63年製の15t積鋼製有蓋車で換算2.0/1.0。国鉄ワム60000形後期型と同一設計で、空気制動はKC180×300、走り装置は二段リンク式であった。製造当初は青色に塗装されていたが、最初の検査時に黒に塗り替えられた。「ヨンサントウ」以降も国鉄直通車として運用されたが、貨物輸送の衰退で1978年前後に大部分が廃車。一部が事故復旧車として残されたが2011年（平成23）に形式消滅。

ワム6000形6004　◎矢作橋、1962（昭和37）年8月、撮影：白井昭

ワム10000形
（10001・10002）

1948年に国鉄から払下を受けた15t積鉄骨木造有蓋車で換算は2.0/1.0。元のワム1形でKC180×300空制を備える。日本車輌の私有車で国鉄直通車であったが、名鉄線内は神宮前－鳴海間に運用が限定されていたため、日車の工場間輸送車であったと考えられる。1953年より休車となり1961年に廃車。

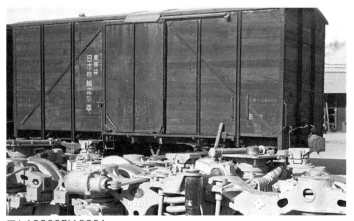

ワム10000形10001
◎日本車輌工場内、1955（昭和30）年11月、撮影：白井昭

ワフ1形（1～4）

　瀬戸電気鉄道ワフ1～4の引継車。1917（大正6）年製の9t積木造有蓋緩急車で換算1.2。国鉄ワ1形相当の車体の一端を車掌室にした、当時としてはごく一般的な緩急車である。瀬戸電時代の1928年にKD203×300空気制動を設置。車体の斜補強は戦後の設置と思われる。1965年度形式消滅。

ワフ10形（11・12）

　瀬戸電気鉄道ワフ11、12の引継車。1928（昭和3）年製の10t積鉄骨木造有蓋緩急車で換算1.2。製造時よりKC180×300空気制動を設置する点を含め、ワフ70形とはほぼ同形だが、本車は非直通車であった。戦後は西部線に転じ1965年度廃車。

ワフ20形（21～23）

　美濃電気軌道ワフ205～207の引継車。1922（大正11）年製の5t積木造有蓋緩急車で換算0.8/0.4。越美南線の開通で電動貨車が余剰化したため、1927年にデワ603～605を電装解除したもので、両デッキ構造に面影を残す。軌道線用のため走り装置が簡易な構造になっており、連結器もピンリンク式であった。1952年形式消滅。

ワフ30形（31～39）

　愛知電気鉄道ワブ310～318の引継車。6t積木造有蓋緩急車で換算1.0。1920（大正9）年製の小型有蓋車ワ170～181のうち10両を1925年に有蓋緩急車に改造したものだが、1両は1927年に加悦鉄道に譲渡された。1951年にKD180×300空気制動を設置。また、昭和30年代に鉄骨木造車体に更新されている。1968年度以降は瀬戸線の予備車だったワフ39のみ残存し、1978年に廃車された。

ワフ40形（41）

　渥美電鉄ワフ500の引継車。1923（大正12）年製の8t積木造有蓋緩急車で換算1.0。ワ50形で述べた事情で認可保留になっていた有蓋車を、1925年に緩急車に改造のうえで入籍させた。昭和20年代にKD180×300空気制動を設置。1954年に路線ごと豊橋鉄道へ譲渡されている。

ワフ45形（45）

　岡崎電気軌道ワブ1の引継車。三河鉄道時代はワブ41に改番されていた。1925（大正14）年製の9t積木造有蓋緩急車で換算1.2。やや細身であることと、製

ワフ1形4　◎尾張瀬戸、1965（昭和40）年11月、撮影：白井昭

ワフ20形21
◎岐阜工場、1952（昭和27）年5月、撮影：奥野利夫

ワフ30形36
◎伝馬町ヤード、1957（昭和32）年頃、名鉄資料館所蔵

ワフ40形41　◎高師、1955（昭和30）年12月、撮影：白井昭

造当初ピンリンク式連結器であったことを除けば、鉄道用の貨車と変わらない。1928年に自連化、1952年にKD180×300空気制動を設置。名義上は岡崎市内線所属だが専ら鉄道線で使用され、同線廃止後は西部線に転じ正式に鉄道線所属になる。1965年度廃車。

ワフ45形45　◎刈谷、1962（昭和37）年、撮影：白井昭

ワフ50形（51〜62）

　名古屋電気鉄道デワ1形の末裔で旧番号はワブ1〜12。1912（明治45）年製の8t積木造有蓋緩急車で換算1.2。1918（大正7）年の電装解除で運転台を切り落とし、逆に1922年の緩急車化では台枠を延長して両デッキになる。1941（昭和16）年に鉄骨木造車体に更新され、片デッキの荷室化や軸距延長などを行い、さらにワブ62は1943〜48年にかけて戦時附随客車サ61として運用されている。1952年頃にKC180×300空気制動を設置し、昭和30年代に再更新がなされ車掌室の拡張と軸距を3,962mmに再延長している。1980年に形式消滅。

ワフ50形58（更新前）
◎津島、1951（昭和26）年8月、撮影：伊藤昭

ワフ50形53（更新後）
◎西枇杷島、1965（昭和40）年、撮影：清水武

ワフ70形（71〜73）

　愛知電気鉄道ワフ330〜332の引継車。1928（昭和3）年製の10t積鉄骨木造有蓋緩急車で換算1.2。形態はワフ10形とほぼ同一であるが、空気制動がKD180×300であることが異なる。また、名鉄の有蓋緩急車では本形式のみが国鉄直通車であった。ワフ71と72は1965年度に瀬戸線に転じ、1978年に形式消滅。

ワフ80形（81〜84）

　三河鉄道ワブ51〜54の引継車。1914（大正3）年製の8t積木造有蓋緩急車で換算は1.0。ワ200（名鉄ワ180）形と同時に製作された緩急車版である。1952年頃にKD180×300空気制動を設置。1965年度形式消滅。

ワフ70形72
◎神宮前西、1956（昭和31）年11月、撮影：白井昭

ワフ80形84
◎伝馬町ヤード、1958（昭和33）年11月
撮影：白井昭

ワフ90形（91 ～ 93）

　三河鉄道ワブ61 ～ 63の引継車。1914（大正3）年製のワ200形を1928年に10t積木造有蓋緩急車にしたもので換算は1.0。ワフ80形とは同型だが荷重が異なり、また、鉄骨木造車体に改造されている。1952年頃にKD180×300空気制動を設置。1965年度形式消滅。

ツ600形（601 ～ 610）

　愛知電気鉄道ツ600 ～ 609の引継車。1922（大正11）年製の12t積鉄骨木造通風車で換算は1.6/0.8。ワ610形を透かし張りにしたもので両者は同時発注である。国鉄直通車であるが全車空気制動を装備せずに終わっている。戦後、ツ608が行方不明となり1952年に廃車されるが、現車は雄別炭鉱尺別鉄道ワ14になっていた。1964年度形式消滅。

ツム5500形（5501 ～ 5510）

　愛知電気鉄道ツム5500 ～ 5509の引継車。1924（大正13）年製の15t積鉄骨木造通風車で換算は2.0/1.0。ワム5000形を透かし張りで製作したものである。国鉄直通車で昭和20年代よりKC180×300空制を設置。1968年度形式消滅。

ト1形（1 ～ 34）

　瀬戸電気鉄道ト1 ～ 10、15 ～ 38の引継車。1904（明治37）～ 1914（大正3）年製、三枚側一枚アオリ戸平妻の10t積木造無蓋車で、石炭荷重8t、換算は1.2/0.6。なおト4と7は事故や戦災復旧車のため細部寸法が異なる。当初は7t積であったが1922年に増積。国鉄直通車であるが、国鉄の軽自重車規制にともない1937 ～ 41年に床に鋼板を貼り付けた。昭和20年代以降、KD180×300空気制動を設置するが全車に及ばなかった。揖斐・谷汲線に転じたト14、15は、二分割アオリ戸に改造され2001（平成13）年まで残存した。

ワフ90形92　◎訓練風景、1959（昭和34）年頃、名鉄資料館所蔵

ツ600形602　◎神宮前西、1959（昭和34）年11月、撮影：井上大令

ツム5500形5506　◎1965（昭和40）年6月、撮影：白井昭

ト1形2
◎堀田、1959（昭和34）年3月
撮影：白井昭

ト50形（51 〜 54）

　美濃電気軌道ト319、320と谷汲鉄道チ1、2の引継車。1926（大正15）年製、三枚側一枚アオリ戸山形妻の10 t 積木造有蓋車で、換算は1.2/0.6。石炭荷重の設定はない。出自は2社だが同一設計である。揖斐・谷汲線用で空気制動がなく、連結器も1950年までピンリンク式であった。1963年度に廃車。

ト100形（101 〜 130）・
トフ1形（1 〜 5）

　1913（大正 2 ）年製の名古屋電気鉄道ト 1 形を1929 〜 39年に更新したものだが、ト105 〜 108については1899（明治32）年製の尾西鉄道ト102,103,106,108を編入したものである。三枚側一枚アオリ戸平妻の 8 積木造無蓋車で換算1.0/0.6。石炭荷重の設定はない。ト100形とトフ 1 形の違いは補助制動の差異であり、前者が車側制動に対し、後者は手制動ハンドルを持つ。非直通車で空気制動は持たない。事業用として使用されたものが多く、ト100形は1962年度、トフ 1 形は1960年度に形式消滅。

ト140形（141・142）・
ト600形（601 〜 606）

　三河鉄道ト81、82および601 〜 606の引継車。三枚側一枚アオリ戸平妻の木造無蓋車で、荷重はト140形が9 t 、ト600形が10 t 。石炭荷重と換算は共に 7 t および1.2/0.6。1902（明治35）年製の鉄道院ト15646形を1920（大正9）年に譲受したト50形を、1931年に国鉄直通の可否で形式区分したもの。しかし、軸距が9フィート（2,743mm）しかなく、ト600形の直通認可は1939年に抹消された。両形式とも空気制動はない。ト140形は1958年度、ト600形は1960年度に形式消滅。

ト150形（151 〜 157）・
トフ70形（71）

　ト150形は線内用の10 t 積木造無蓋車のうち、石炭荷重が設定されていない車をまとめたもの。全車空気制動はない。3 クループに分類され、ト151と152は1899（明治32）年製の尾西鉄道ト109、110を1929年に10 t 積に増積したもの。車体はト100形と同一である。換算1.0/0.6。戦後は長物車代用で、1958年度にチ40形に形式変更された。ト153と154は1925（大正14）年製の各務原鉄道オワ1、2の引継車。四枚側一枚アオリ戸山形妻で換算1.2/0.6。1964年度に廃車。

　ト155 〜 157とトフ71は渥美電鉄ト700 〜 703の引継車。三枚側一枚アオリ戸山形妻で換算1.2/0.6。

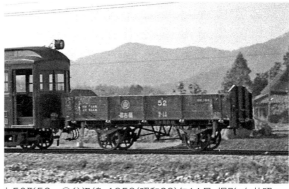

ト50形52　◎谷汲線、1958（昭和33）年11月、撮影：白井昭

ト100形109　◎鳴海、1958（昭和33）年5月、撮影：井上大令

トフ1形5　◎新川工場、1958（昭和33）年、撮影：白井昭

ト600形605　◎堀田、1959（昭和34）年3月、撮影：白井昭

ト150形154
◎新川工場、1955（昭和30）年11月、撮影：白井昭

1923（大正12）年に4輌製造されたが、ワ50形で述べた理由で設計認可が保留され、1両は1925年に手制動ハンドルを設置することで認可を得たものの、残り3両は1926年まで入籍させることができなかった。名鉄合併後は車側制動のト700～702をト150形に編入、手制動のト703をトフ70形とする。4両とも1954年に路線ごと豊橋鉄道へ譲渡された。

ト200形（201～255）

　愛知電気鉄道ト200～254の引継車。1913（大正2）～1917年製、三枚側一枚アオリ戸山形妻の10t積木造無蓋車で、石炭荷重8t、換算は1.2/0.6。ト201～205以外は7t積有蓋車として製造されたもので、1922～24年に増積目的で無蓋車化したものである。国鉄直通車だったが空気制動は末尾2両がKD180×300を装備しただけに終わる。ト233と234は路線ごと豊橋鉄道へ譲渡。形式消滅は1966年度だが、ト246は廃車後も鳴海工場で無籍の控車として使用された。

ト200形211　◎大樹寺、1962（昭和37）年5月、撮影：白井昭

ト300形（301～320）

　尾西鉄道の引継車。旧番はテト301～315で、316～320は旧名鉄による追加改造である。1922～27年に小型有蓋車の増積目的で10t積無蓋車としたもので、石炭荷重7t、換算は1.2/0.6。二分割アオリ戸平妻の全鋼製無蓋車になったのは砂利輸送の便であろう。国鉄直通車であるが軸距が9フィート（2,743㎜）であったため、1937年に3,140㎜へ拡大された。ト316～320は昭和20年代にKD180×300空気制動を設置。1965年度形式消滅。

ト300形304　◎鳴海、1958（昭和33）年5月、撮影：井上大令

ト330形（331～381）

　1948（昭和23）年に国鉄から払下げられた無蓋車。荷重は10tだがト381のみ13t積。換算は1.2/0.6。払下当初は元ト1形がト500形、元ト6000形がト530形、元ト4700形がト550形、元ト9500形がト560形、その他がト570形とされたが、翌年に改番され1形式に統合された。そのため、石炭荷重は種車により7～11tとまちまちで形態も異なる。全車国鉄直通車かつ私有車で、空気制動はKD180×300を装備するが、一部の車は未装着だった。1968年度形式消滅。

ト400形（401～426）

　三河鉄道ト91～96、101～120の引継車。1914～18年製、三枚側一枚アオリ戸平妻の10t積木造無蓋車で、石炭荷重7t、換算は1.2/0.6。8t積のト61～66、9t積のト70～89として製作されたものを1927年に増積、1931年に再改番されたものである。非直通車で空気制動もない。1963年度形式消滅。

ト400形409　◎鳴海、1957（昭和32）年12月、撮影：井上大令

ト650形（651〜655）

　三河鉄道ト651の引継車。1923（大正12）年製、三枚側一枚アオリ戸山形妻の10t積木造無蓋車で、石炭荷重8t、換算は1.2/0.6。国鉄直通車であるが、国鉄の軽自重車規制にともない1940年に台枠にコンクリートブロックを死重として取り付けている。空気制動はない。1949年に私有車の増備として元国鉄ト1形4両の払下を受け本形式に編入される。こちらは形態が不明だが、石炭荷重8tで、ト652と653はKD180×300空気制動を装備した。1964年度形式消滅。

ト700形（701〜704）

　ト701と702は愛知電気鉄道ト700、701の引継車。1923年製、三枚側一枚アオリ戸平妻の12t積木造無蓋車で、石炭荷重8t、換算は1.2/0.6。ト703と704は1954年に富山地方鉄道ト71、74を譲受したもの。1941年製の10t積木造無蓋車で、石炭荷重8t、換算は1.2/0.6。形態は三枚側一枚アオリ戸平妻と考えられる。共に私有車で、国鉄直通車であった。空気制動はKD180×300であるが、前者は昭和30年代の設置であるのに対し、後者は新造時から装備する。1968年度形式消滅。

ト710形（711〜720）

　三河鉄道ト711〜720の引継車。恐慌期に小型車需要が増加したため、1927〜31年にトム100（後の名鉄トム800）形25両に仕切りを設けて10t積に減積したもの。景気回復にともない15t積に復元が進んだところで名鉄統合を迎え、引き継いだ10両も1942年にトム800形に編入した。

ト750形（751〜765）

　瀬戸電気鉄道ト101〜115の引継車。1924（大正13）年製、三枚側一枚アオリ戸平妻の12t積木造無蓋車で、石炭荷重8t、換算は1.2/0.6。国鉄直通車で昭和30年代にKD180×300空制を設置。1963年に三河線に転じ、廃車補充で私有車になる。1968年度形式消滅。

トム500形（501〜520）

　尾西鉄道テト501〜520の引継車。1924（大正13）年製、三分割アオリ戸平妻の15t積全鋼

ト700形702　◎大江、1968（昭和43）年9月、撮影：白井昭

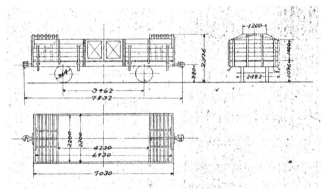

ト710形竣工図　◎国立公文書館所蔵

ト750形763　◎刈谷、1968（昭和43）年8月、撮影：和久田康雄

トム500形505　◎堀田、1959（昭和34）年1月、撮影：白井昭

製無蓋車で、石炭荷重12 t、換算は2.0/0.8。
ト300形を大型化したような車だが、本形
式は新造車である。昭和30年代にトム511
〜520がKC180×300空制を設置。空制車
は国鉄直通認可抹消後も事業用に残され、
1990（平成2）年形式消滅。

トム500形518　◎尾張瀬戸、1978（昭和53）年、撮影：清水武

トム800形（801 〜 900）

　三河鉄道トム900形の引継車。1924（大
正13）〜 25年製、五枚側観音開き式山形
妻の15 t積無蓋車で、石炭荷重15 t、換算
2.0/0.8。ワム500形同様、汽車会社製が短
軸で国鉄トム1形相当、東洋車両製が長軸
で国鉄トム5000形相当となる。前述のとお
り、三河鉄道時代に50両が車内を仕切り
10 〜 12 t積となるが、1942年までに復元
されている。1954年にトム899、900が路線
ごと豊橋鉄道へ譲渡。昭和30年代にKC180
×300空制を設置するが全車に及ばなかっ
た。国鉄直通車で、末期は私有車になるも
のも多かった。1968年度形式消滅。

トム800形873　◎堀田、1959（昭和34）年3月、撮影：白井昭

トム900形（901 〜 920）

　愛知電気鉄道トム900 〜 916および東美鉄道トム11 〜 13の引継車。五枚側観音開き式山形妻の15 t積無蓋車
で、石炭荷重15 t換算2.0/0.8。前者は1924（大正13）〜 28（昭和3）年製で短軸のため国鉄トム1形相当であるが、
軌道負担力の都合で1925年まで10 t積として運用されていた。後者は1928年製で長軸のため国鉄トム5000形
相当となる。トム910 〜 917はKC180×300、トム918、919はKD180×300空気制動を製造時から備える。国鉄直
通車で1963年以降、一部が私有車に指定。
1968年度形式消滅。

トム950形（951 〜 960）

　瀬戸電気鉄道トム201 〜 210の引継車。
1926（大正15）年製、五枚側観音開き式山
形妻の15 t積無蓋車で、石炭荷重15 t換
算2.0/0.8。アオリ戸上部が着脱式で、国鉄
トム16000形の短軸版と言えるもの。国鉄
直通車で、昭和30年代に原則的にKC180
×300空制を設置。1963年以降、一部が私
有車に指定。1968年度形式消滅。

トム950形951　◎大江、1968（昭和43）年8月、撮影：白井昭

トム970形（971 〜 978）・トム990形（991）

　1949年に国鉄から払下げられた15 t積五枚側観音開き式山形妻の無蓋車で、トム970形は元トム5000形、ト
ム990形は元トム1形である。荷重・石炭荷重15 t、換算2.0/0.8。全車国鉄直通車かつ私有車で、空気制動は
KC180×300を装備する。トム970形は1960年度、トム990形は1955年形式消滅。

トム1000形（1001 ～ 1020）

　愛知電気鉄道トム1000 ～ 1019の引継車。1929（昭和4）年製、四枚側二分割アオリ戸山形妻の15 t 積木造無蓋車で、石炭荷重15 t、換算は2.0/0.8。国鉄トラ1形の縮小版といえる大柄な車で西濃鉄道トム51が同系車。車軸は短軸、製造時よりKC180×300空制を装備する。トム1020は戦後、試作的に砂利散布車に改造されてホ1形の原形になった。国鉄直通車で、1968年度形式消滅。

トム1000形1020　砂利散布試作車に改造後
◎堀田、1958（昭和33）年7月、撮影：井上大令

トム1100形（1101 ～ 1120）

　1942（昭和17）～ 43年製、四枚側二分割アオリ戸山形妻の15 t 積木造無蓋車で、石炭荷重15 t、換算は2.0/0.8。国鉄トム50000形と同一設計で、製造当初よりKC180×300空気制動を装備する。末期はトム1111、1118 ～ 1120がパルプ専用車とされていた。「ヨンサントウ」で国鉄直通認可を失った後もしばらく線内貨物用として使用後、1970年形式消滅。

トム1100形1107　輸出用貨車を2段積み
◎堀田、1956（昭和31）年7月、撮影：白井昭

トム1100形1111　パルプ専用車
◎西枇杷島、1965（昭和40）年、撮影：清水武

トム11000形（11001 ～ 11005）

　15 t 積木造無蓋車で、石炭荷重15 t、換算は2.0/0.8。トム11001 ～ 11003は1948（昭和23）年に国鉄から払下を受けた元国鉄トム1形で、五枚側観音開き式山形妻の車体である。トム11004、11005は1959年に増備されたものだが、資料不足で詳細不明。全車日本車輌の私有車で、1948年譲受車は国鉄直通車であった。1968年度形式消滅。

トラ70形（71 ～ 73）

　17 t 積鋼製無蓋車で、換算は2.6/1.0。1996（平成8）年にJR貨物からトラ70000形を譲受したもので、1968（昭和43）年製の前期型に相当する。車体は二分割アオリ戸で、JR時代に平鋼板に更新されていた。空気制動はKC180×300。走り装置は二段リンク式である。保線用として使用されたが、枕木輸送がトラックに置き換えられたため2003年に形式消滅。

トラ70形71　◎大江、1996（平成8）年10月、撮影：藤岡雄一

トラ11000形
（11001 〜 11003）

　17 t 積木造無蓋車で、石炭荷重17 t、換算は2.2/1.0。1948（昭和23）年に国鉄トラ1形の払下を受けたもので、車体は四枚側二分割アオリ戸山形妻、空気制動はKC180×300。日本車輌の私有車で国鉄直通車であった。1966年度形式消滅。

トラ11000形　客車の両側に連結　◎神宮前、1955(昭和30)年8月、撮影：白井昭

トキ12000形（12001 〜 12004）

　30 t 積木造無蓋車で、石炭荷重30 t、換算は3.0/1.0。1948年に国鉄トキ900形の払下を受けたもので、車体は九枚側三分割アオリ戸山形妻だが、中央上部側板が撤去されていた可能性が高い。空気制動はKD180×300。日本車輌の私有車で国鉄直通車であったが、使い辛い三軸車ということもあるのか1953年以降は休車となる。1958年度形式消滅。

国鉄トキ900形。同形車が名鉄へ払い下げられトキ12000形となる◎今村(現・新安城)、1955(昭和30)年12月、撮影：白井昭

トフ30形（31 〜 36）

　トフ31 〜 33は美濃電気軌道トフ305、311、312の引継車。6 t 積木造無蓋車で、換算は0.8/0.4。1912（大正元）〜 17年製、石炭荷重の設定はない。車体は三枚側一枚アオリ戸平妻で、片エンドに手制動ハンドルのあるデッキを有する。美濃町線の所属で、軌道用のため連結器は中心高318㎜のピンリンク式であった。1960年度形式消滅。

　トフ34 〜 36は竹鼻鉄道トフ1 〜 3の引継車。1921年製の6 t 積木造無蓋車で、美濃電と貨車の相互直通を行っていた関係で恐らく同型であったと思われる。名鉄合併後は通常の自連に交換されたが、このグループは戦後間もない1946年に廃車されている。

トフ30形32　◎各務原線新岐阜(現・名鉄岐阜)横にあった市内線の留置線、1958(昭和33)年4月、撮影：白井昭

トフ60形（61）

　岡崎電気軌道フト1の引継車。三河鉄道時代にト71に改番。1925（大正14）年製、三枚側一枚アオリ戸山形妻の9 t 積木造無蓋車で、石炭荷重8 t、換算は1.2/0.6。妻面に手制動ハンドルを有するとともに、車側制動を併用する。所属は岡崎市内線であるが、専ら鉄道線で使用されていた。1961年度形式消滅。

トフ60形61　◎堀田、1959(昭和34)年3月、撮影：白井昭

チ10形（11〜14）

　愛知電気鉄道チ810〜813の引継車。6ｔ積で換算1.2/0.6。柵柱はなく、車体中央に回転枕木を備える。1930年にワブ300形を改造したものだが、1両は1925年に事故廃車されていたものを長物車として復籍させたものである。制動は車側のみだが、1970年頃に保線用として残されていたチ13、14に空気制動を設置。恐らくKD180×300と思われる。1975年度形式消滅。

チ10形竣工図　◎名鉄資料館所蔵

チ20形（21・22）

　10ｔ積の長物車で、チ21は1950年に国鉄チ1形の払下を受けたもの。チ22は翌年に改造編入された車両だが、現時点では種車に関する資料が発掘できていない。換算1.2/0.6。柵柱はなく、車体中央に回転枕木を備える。空気制動はチ21のみKC180×300を備える。1963年度形式消滅。

チ30形（31〜34）

　1913年製の名古屋電気鉄道ト1形を1927年に改造したもので、荷重7ｔ換算1.0/0.6。柵柱はなく、車体中央に回転枕木を備える。空気制動はない。1963年度形式消滅。

チ30形31とト150形152（左）。ト152は長物車代用で、直後にチ44に改番される
◎神宮前、1958（昭和33）年6月、撮影：井上大令

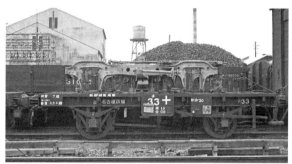

チ30形33。回転枕木を外して台車を積込み
◎堀田、1959（昭和34）年2月、撮影：白井昭

チ40形（41〜44）

　代用長物車であったト101、105、151、152を1958年度に正式に長物車としたもの。荷重はチ41と42が7ｔ、チ43と44が10ｔ。換算は1.0/0.6。形態は柵柱がなく回転枕木を持つ。空気制動はない。1963年度形式消滅。

チ50形（51・52）

　1958年度に改造された9ｔ積の長物車で換算は1.2/0.6。資料不足で詳細不明だが、恐らくチ40形と同じ経緯でト141、142を正式に長物車にしたものと思われる。1963年度形式消滅。

チ80形（81・82）

　愛知電気鉄道チ801、800の引継車。1925（大正14）年製の10ｔ積長物車で換算1.2/0.6。片側4ヶ所に高1,092mmの柵柱が立てられ、車体中央に回転枕木を持つ。二軸長物車では唯一の国鉄直通車であったが、軽自重があだとなり1941年に抹消。戦後は柵柱が撤去され、1967年頃にKD180×300空制を装備。1972年度形式消滅。

チ80形82　◎大江、1968（昭和43）年9月、撮影：白井昭

チ90形（91・92）

　1962年にト1、3を改造した10t積長物車。換算は1.2/0.6。柵柱はなく回転枕木を持つが、45度しか首を振らない構造で、前部に長1,000mmにわたり枕木方向に切断したレールを並べるとともに、台枠をはみ出し最大幅員となる幅2,486mmの枕木を持つ。空気制動はKD180×300を装備。1975年度形式消滅。

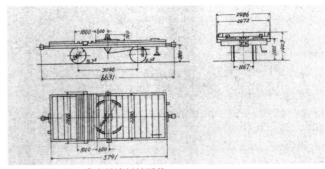

チ90形竣工図　◎名鉄資料館所蔵

チム60形（61・62）

　1965年にトム805、808を改造した15t長物車。換算は1.6/0.8。台枠上には横方向に切断したレールを部分的に並べた以外に構造物がなく、恐らく遊車として用いられたものと考えられる。空気制動はKC180×300。1972年度形式消滅。

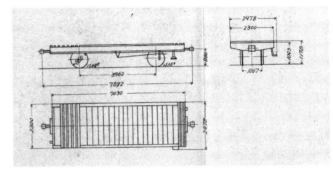

チム60形竣工図　◎名鉄資料館所蔵

チキ1形（1～3）

　25t積のボギー式長物車。1950年と54年に国鉄チキ1形の払下を受けたもので、換算は3.0/1.2。片側4ヶ所に高850mmの柵柱を持つ。台車はTR15で空気制動はKC203×300。チキ1のみが国鉄直通車であった。ヨンサントウ以降は柵柱を撤去し、回転枕木とジブクレーン、チキ1は電源装置も搭載し保線用となる。1993年形式消滅。

チキ1形1　◎堀田、1959(昭和34)年1月、撮影：白井昭

チキ10形（11～14）

　22t積のボギー式長物車。荷重からすれば本来「チサ」と称すべき車両である。換算は3.5/2.2。1993年にレール輸送車として国鉄清算事業団よりコキ1000形を購入したもので、側梁を強化のうえ、回転枕木と、両端車となるチキ11、14にはジブクレーン1台と電源装置、中間車のチキ12、13にはジブクレーン2台を搭載した。台車はTR215で空気制動はASD。2015年にEL120形導入にあわせて総括制御用ジャンパケーブルを設置している。2021年時点の現役車である。

チキ10形11　◎大江、1994(平成6)年6月、撮影：藤岡雄一

チキ300形（301・302）

　25t積のボギー式長物車。換算は3.0/1.2。1972年に大井川鉄道チキ301、302を購入した

チキ300形301
◎大江、1988(昭和63)年3月
撮影：藤岡雄一

ものであるが、もともとは国鉄チキ300形の払下車である。台車はTR16で空気制動はKC203×300。保線用のため柵柱を撤去し、回転枕木とジブクレーンを搭載した。1993年形式消滅。

ホ1形（1〜6）

1958〜59年にトム911、913、917、910、912、916を改造した11t積砂利散布ホッパ車。換算は2.0/0.8。車体を鋼製側開式のホッパ構造とし、端部操作台よりリンクで開閉する構造である。操作はレバー式であったが、ホ1〜3は後年、ハンドル式に改造されている。空気制動はKC180×300。2001年形式消滅。

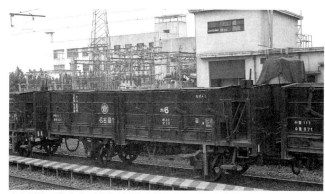

ホ1形6　◎犬山、1964(昭和39)年9月、撮影：白井昭

ホム100形（101〜109）

1965、67、84年製の15t積砂利散布ホッパ車。換算は2.4/1.0。車体は流し板付側開き式で、軌道内部への散布機能がないため、国鉄ホキ700形を二軸に縮めたような車両である。空気制動はKD180×300。2001年にホム103、108、109を機械扱で豊橋鉄道へ譲渡。2005年形式消滅。

ホム100形101。バラスト積込み作業中
◎犬山、1965(昭和40)年4月、撮影：白井昭

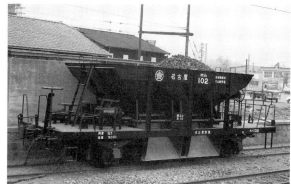

ホム100形102　◎犬山、1965(昭和40)年4月、撮影：白井昭

ホキ80形（81〜87）

30t積砂利散布ホッパ車。換算は5.0/1.8。2001年にJR東海ホキ800形を譲受したもの。車体は流し板付側開き式で、軌道内部への散布機能を持つ。空気制動はKSD180×250。2007年に瀬戸線配属のホキ87が廃車されたが、他の6両は2021年時点で現役。2010年に台車を平軸のTR41Cからコロ軸のTR214Bに換装、2015年にEL120形導入にあわせて総括制御用ジャンパケーブルを設置している。

ホキ80形86
◎豊明、2008(平成20)年6月
撮影：澤内一晃

国鉄払下貨車新旧番号対照表

番号	社旧番	国鉄旧番	番号	社旧番	国鉄旧番	番号	社旧番	国鉄旧番
ワ701		ワ4540	ト350	名鉄ト514	ト1685	トム973		トム5598
ワ702		ワ8012	ト351	名鉄ト515	ト1277	トム974		トム8533
ワ703		ワ572	ト352	名鉄ト516	ト2208	トム975		トム9484
ワ704		ワ1383	ト353	名鉄ト519	ト1908	トム976		トム8411
ワ705		ワ3470	ト354	名鉄ト522	ト2185	トム977		トム7312
ワ706		ワ4898	ト355	名鉄ト523	ト1592	トム978		トム7713
ワ707		ワ8276	ト356	名鉄ト525	ト1137	トム991		トム273
ワ708		ワ163	ト357	名鉄ト577	ト4547	トム11001		トム1777
ワ709		ワ5582	ト358	名鉄ト575	ト4856	トム11002		トム505
ワ710		ポ78	ト359	名鉄ト553	ト4838	トム11003		トム239
ワ711		ワフ866	ト360	名鉄ト512	ト6416	トラ71		トラ73130
ワ712		ワフ1014	ト361	名鉄ト531	ト6118	トラ72		トラ73772
ワ751		ワ2013	ト362	名鉄ト532	ト6881	トラ73		トラ74142
ワ752		ワ1396	ト363	名鉄ト533	ト6020	トラ11001		トラ1057
ワ753		ワ9524	ト364	名鉄ト537	ト7622	トラ11002		トラ1576
ワ754		ワ5903	ト365	名鉄ト538	ト7537	トラ11003		トラ2895
ワ755		パ107	ト366	名鉄ト541	ト6294	トキ12001		トキ3381
ワム10001		ワム124	ト367	名鉄ト542	ト7336	トキ12002		トキ5514
ワム10002		ワム280	ト368	名鉄ト543	ト7628	トキ12003		トキ2691
ト331	名鉄ト501	ト16066	ト369	名鉄ト535	ト8779	トキ12004		トキ1337
ト332	名鉄ト502	ト16546	ト370	名鉄ト536	ト8710	チ21		チ404
ト333	名鉄ト504	ト16079	ト371	名鉄ト539	ト8754	チ22		(資料なし)
ト334	名鉄ト506	ト16476	ト372	名鉄ト540	ト8670	チキ1		チキ1
ト335	名鉄ト510	ト16538	ト373	名鉄ト576	ト30047	チキ2		チキ203
ト336	名鉄ト521	ト16129	ト374	名鉄ト534	ト8888	チキ3		チキ214
ト337	名鉄ト508	ト15920	ト375	名鉄ト551	ト4800	チキ11		コキ1014
ト338	名鉄ト511	ト15881	ト376	名鉄ト552	ト4863	チキ12		コキ1018
ト339	名鉄ト520	ト15751	ト377	名鉄ト573	ト3323	チキ13		コキ1005
ト340	名鉄ト526	ト15386	ト378	名鉄ト572	ト4188	チキ14		コキ1011
ト341	名鉄ト571	ト748	ト379	名鉄ト561	ト9558	チキ301	大井川チキ301	チキ661
ト342	名鉄ト517	ト2531	ト380	名鉄ト562	ト9563	チキ302	大井川チキ302	チキ722
ト343	名鉄ト518	ト2595	ト381	名鉄ト574	ト14912	ホキ81		ホキ1035
ト344	名鉄ト524	ト2379	ト652		ト606	ホキ82		ホキ1741
ト345	名鉄ト503	ト2047	ト653		ト16146	ホキ83		ホキ1746
ト346	名鉄ト505	ト1643	ト654		(資料なし)	ホキ84		ホキ910
ト347	名鉄ト507	ト1512	ト655		ト1894	ホキ85		ホキ942
ト348	名鉄ト509	ト1348	トム971		トム5532	ホキ86		ホキ943
ト349	名鉄ト513	ト1252	トム972		トム5566	ホキ87		ホキ945

【参考】シキ1形(1)

　1956(昭和31)年製の53ｔ積4軸ボギー大物車で、日本車輌の私有車。日車私有のシム1形が履く、上縁が水平の菱枠台車4台を借用した枕梁2組に、新製した弓形荷受梁を組み合わせたもの。荷受梁は側梁と中梁4本を溶接構造で組み立てているが、詳細な要目については資料が残されていない。P97で述べたように、日車がインド国鉄YG形蒸気機関車46両を東名古屋港まで乙種輸送するために製作したもので、写真を見る限り通常の貨物列車に組み込まれて運用されたため、名鉄に車籍編入された可能性があるが、一方において「運輸省文書」や名鉄の資料に本車の形跡が残されておらず、輸送用具として扱われていた可能性もある。低床式大物車として使い勝手が良さそうな長い低床面が特徴だが、輸送終了後はただちに処分されたものと思われる。

（2）私有貨車

　名鉄の貨車および貨物制度にとって最も特徴的であったのは、1968（昭和43）年まで存在した独特な私有貨車制度であろう。私有貨車とは、荷主が占用するため受益者負担で製作した貨車を、所有権を持って車籍編入する制度である。国鉄やJRの私有貨車は、特定貨物の輸送に専用する特殊貨車であることが前提であるのに対し、名鉄のそれは汎用車の私有であることに大きな特徴がある。

国鉄の私有貨車はタンク車に代表されるように特殊構造車であるのが原則。社名や社紋の標記から一目で私有とわかる。◎美合、1958（昭和33）年5月、撮影：井上大令

私有貨車制度の導入

　私有貨車制度を導入したのは愛知電気鉄道で、1922（大正11）年にワ610形の増備車24両を常滑運送店で製作し、7月12日認可で車籍編入したところから始まる。これに先立つ6月15日に取り交わされた契約書によると、契約期間は10年で期間中の他鉄道への譲渡は双方とも禁止、輸送条件や賃率は愛電の貨車に準じ、優先輸送は行わないものとされた。所有者に対する利益は、国鉄等への直通運転時に返路輸送で得られた貨車使用料の半額交付と、補修費が無料になる以外はなく、自連化をはじめとする国鉄直通にともなう諸改造についても所有者負担で愛電が手配するなど、一見すると所有者に旨味はない。しかし、1925（大正14）年までに常滑運送店、多屋運送店、丸和運送店、瀧田組の4社がワ610形56両、ワム5000形23両、ト700形2両を車籍編入している。

　この時代の愛電は豊橋線の建設で資金的余裕がなかった。しかし、国鉄の方針で1926（大正15）年4月1日

名鉄の私有貨車は汎用車であるのが特徴で、扉に書かれた所有者と常備駅で辛うじて私有とわかる。写真は三河貨車組合所有車で、真所有者が記載されている。◎刈谷、1968（昭和43）年8月、撮影：和久田康雄

以降、10 t 積未満の貨車直通が禁止されることになっており、7 t 積の在来有蓋車を増積する代わりにト200形への改造を進めていた。常滑は日本六古窯の一つとされる伝統的な窯業地で、特に土管や甕の生産が盛んであり、愛電の貨物輸送量も年々増加していた。これらの輸送には有蓋車を用いたため増備や代替車が必要だったが、愛電が投入したのはワ610形10両とワム5000形30両にとどまった。そのため、緊急措置として発送を担当する通運業者の負担で製作させたものと考えられる。一方で、所有者から見ると、配車状況に満足できるなかで確実に使用できる貨車を確保できる利点があった。そのため、1934（昭和9）年以降、愛電や名鉄はこれら私有車の買取を始めたものの、応じた車両は22両にとどまっている。

　三州瓦の産地を抱える三河鉄道も、1938年12月28日に北新川最寄りの榊原六太郎および日本洋瓦へワム500形5両を私有貨車として譲渡する契約を結んだ。これは荷主側から再三にわたって専用車の要求を受けたことに応じたもので、愛電の契約条件と比較すると、常備駅留置料金の設定や、直通運転時の返路輸送による貨車利用料の全額交付などの違いがあった。ただ、契約は1年更新とされており、1941年の名鉄合併にともない失効したものと思われる。

戦後の最盛期と終焉

　戦後の名鉄は、戦前の縮小方針から一転して新規登録を認め、大同製鋼や日本車輌、東亞合成化学が私有貨車を編入する。また、三河線沿線でも三河通運ばかりでなく、窯元や通運業者も高浜町荷主組合を組織し、国鉄から大量の貨車の払下を受けて名鉄に車籍編入を行った。これらは戦前の私有貨車が2両を除いて有蓋車ばかりであったのに対し、無蓋車の比率が圧倒的に高い。戦後編入組の契約書は未見だが、1960年12月に新たに編入契約を行った日本通運刈谷支店の場合、契約期間は3年で、検査と修繕は名鉄が負担することになっていたものを、次の改訂で所有者負担に変更されている。名鉄貨物課の資料には「従って三河貨車組合等統一の考へ方。修理はする」とあり、愛電以来の契約が有効な常滑通運に比べるとやや待遇が悪かった可能性がある。

　ところで高浜町荷主組合については特記する必要がある。これは後に碧南市の荷主も加わったためか三河貨車組合と改称しているが、いずれにしても組合規約や契約書が発見されておらず実態は不明である。ただ、所有貨車には川幸赤瓦製造や元久商店、神谷儀八など、実所有者である窯元や通運会社が表記されており、これら沿線所有者を代表して名鉄と交渉を行う事務組織であったと考えられる。

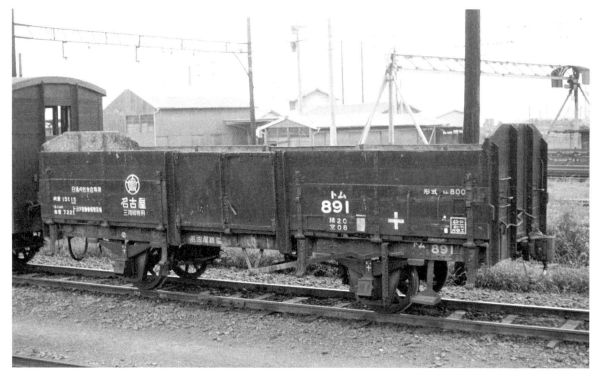

日通刈谷支店の私有貨車はトヨタ自動車前が常備駅で、愛知製鋼向けのプレス屑輸送に専用されたため、全車非直通車であった。
◎大江、1968(昭和43)年8月、撮影：和久田康雄

戦後の所有者別在籍状況については断片的な情報しかないが、1961（昭和36）年と1966年のものを表に挙げておく。所有者としては1959年に東亞合成化学が撤退し、前述のとおり1960年に日通刈谷支店が参入している。

　表の1961年と1966年を比較すると、ほとんどの所有者で車両が入れ替わっているのがわかる。これは老朽化もさることながら、最大の要因は運輸省による1961年4月10日通牒で、国鉄直通貨車に対する空気制動の設置が義務化され、無制動車の廃車が進行したことにある。これに対し、名鉄は空気制動付の自社保有車を譲渡することで補填したが、次のハードルがヨンサントウこと1968年10月1日の国鉄ダイヤ改正にともなう、貨物列車速度の引き上げであった。

　国鉄の貨物列車が75km/h走行に引き上げられるにあたり、連絡直通貨車に求めた条件は、走り装置の二段リンク化ばかりでなく、自重8.0t以上、軸距3,500mm以上、1968年時点の車齢が無蓋車20年、その他35年以下であった。貨車の老朽化が進行していた名鉄は、これを機に大部分の貨車を廃車とし、あわせて私有貨車制度も廃止する。これにともなう所有者への損失補償は国鉄も名鉄も行わなかったが、昭和30年代になると老朽化した名鉄車よりも、ポム1形など国鉄籍の陶器車の方がサイズ違いの土管や甕の混載が可能として賞用されており、荷主はたびたび国鉄に増備を陳情するようになっていた。国鉄は1968年より豚積車を改造したポム200形を投入するが、実質的にはこれが一種の補償だったのではなかろうか。

私有貨車所有状況

1961年4月1日時点〔122両〕			1966年4月1日時点〔120両〕		
記号	番号	計	記号	番号	計
常滑通運					
ワ	647,650,652,653,657,658,660-664,666,667,670-676		ワ	660,661,663,664,666,667,671-675	
ワム	5001,5004-5006,5007-5013		ワム	5001,5004-5012,5028,5033,5039,5045,5051,5052,5101-5103,5105	
ト	703,704	33	ト	703,704	33
大同製鋼					
ワ	649,668,669		ワ	669	
ワム	538,5002,5003		ワム	538,5002,5003,5046	
ト	346-352,378,701,702	16	ト	346-352,378,701,702,765	16
日本車輌					
ワム	10001-10002		トム	11001-11003,11004,11005	
トム	11001-11003,11004,11005		トラ	11001-11003	
トラ	11001-11003	10			8
三河貨車組合					
ワ	251-255,645-656,702,707,708,710-712,751,754		ワ	151-160,614-620,623,631,639	
ワム	535-537,539		ワム	529,530,535-537,539,573,575,577,579,581,583,586,588,590-594	
ト	331,333-336,340-342,344,353-355,358,359,362,363,365,373,375-377,379-381	47	ト	757-764	47
日本通運刈谷支店					
トム	821,828,831-834,857,1010,1109,1114	10	トム	831-838,840,891-898,1005,1015,1016	20
三河通運					
ワ	648,665,706		ワ	665	
ト	338,357,366	6	ワム	534,584,587,595,598	6

出典：名古屋鉄道「私有貨車一覧表」（1961.4.1）、「昭和41年4月現在貨車一覧表」

（3）1941（昭和16）年改番以降 名鉄の貨車形式一覧

型式	番号	荷重 t	在籍年度	旧所有	備考
ワ1	1	10	1941-1963	美濃電	
	2		1944-1963	谷汲	
ワ50	51-53	10	1941-1954	渥美	
ワ100	101-112	10	1941-1968	愛電	
ワ150	151-160	10	1941-1968	愛電	
ワ160	161	8	1941-1961	三河	
ワ170	171-175	8	1941-1961	三河	
ワ180	181-187	10	1941-1961	三河	
ワ200	201-213	6-8	1941-1968	尾西	
ワ240	241	10	1941-1961	尾西	
ワ250	251-255	10	1941-1963	三河	
ワ300	301-320	10	1941-1942	三河	ワム500形に改造
ワ350	351-361	10	1941-1942	三河	ワム500形に改造
ワ400	401-417	10	1941-1968	尾西	
ワ450	451-455	12	1941-1942	三河	ワム500形に改造
ワ610	611-676	12	1941-1968	愛電	
ワ700	701-712	10	1949-1963	国鉄ワ1形ほか	
ワ750	751-755	10	1949-1963	国鉄ワ1形・パ100形	755のみ12 t 積
ワム500	501-599	15	1941-1968	三河	
ワム5000	5001-5053	15	1941-1968	愛電	
ワム5100	5101-5105	15	1941-1968	尾西	
	5106-5107		1943-1968	東美	
ワム5200	5201-5235	15	1942-2007		
ワム5500	5510-5511	15	1962-1978	（ツム5500形改造）	
ワム6000	6001-6025	15	1962-2011		
ワム10000	10001-10002	15	1948-1961	国鉄ワム1形	
ワフ1	1-4	9	1941-1965	瀬戸電	
ワフ10	11-12	10	1941-1965	瀬戸電	
ワフ20	21-23	5	1941-1952	美濃電	軌道線
ワフ30	31-39	6	1941-1978	愛電	
ワフ40	41	8	1941-1954	渥美	
ワフ45	45	9	1941-1965	岡崎電軌	
ワフ50	51-62	8	1941-1979	名古屋電鉄	
ワフ70	71-73	10	1941-1978	愛電	
ワフ80	81-84	8	1941-1965	三河	
ワフ90	91-94	10	1941-1965	三河	
ツ600	601-610	12	1941-1964	愛電	
ツム5500	5501-5510	15	1941-1968	愛電	
ト1	1-34	10	1941-2001	瀬戸電	
ト50	51-52	10	1941-1963	美濃電	
	53-54		1944-1963	谷汲	
ト100	101-104,109-130	7	1941-1962	名古屋電鉄	
	105-108	8	1941-1961	尾西	
ト140	141-142	9	1941-1958	三河	
ト150	151-152	10	1941-1958	尾西	
	153-154		1941-1964	各務原	
	155-157		1941-1954	渥美	
ト200	201-255	10	1941-1966	愛電	

型式	番号	荷重t	在籍年度	旧所有	備考
ト300	301-320	10	1941-1965	尾西	
ト330	331-381	10	1949-1968	(ト500-570形改番)	381のみ13t積
ト400	401-426	10	1941-1963	三河	
ト500	501-526	10	1948-1949	国鉄ト1形	
ト530	531-543	10	1948-1949	国鉄ト6000形	
ト550	551-553	10	1948-1949	国鉄ト4700形	
ト560	561-562	10	1948-1949	国鉄ト9500形	
ト570	571-577	10	1948-1949	国鉄ト3300形ほか	574のみ13t積
ト600	601-606	10	1941-1960	三河	
ト650	651	10	1941-1964	三河	
	652-655		1949-1961	国鉄ト1形	
ト700	701-702	12	1941-1968	愛電	
	703-704	10	1954-1968	富山地鉄ト71形	
ト710	711-720	10	1941-1942	三河	トム800形に改造
ト750	751-765	12	1941-1968	瀬戸電	
トム500	501-520	15	1941-1990	尾西	
トム800	801-900	15	1941-1968	三河	
トム900	901-917	15	1941-1968	愛電	
	918-920		1943-1968	東美	
トム950	951-960	15	1941-1968	瀬戸電	
トム970	971-978	15	1949-1960	国鉄トム5000形	
トム990	991	15	1949-1955	国鉄トム1形	
トム1000	1001-1020	15	1941-1968	愛電	
トム1100	1101-1120	15	1942-1970		
トム11000	11001-11005	15	1948-1968	国鉄トム1形	
トラ70	71-73	17	1996-2003	JR貨物トラ70000形	
トラ11000	11001-11003	17	1948-1966	国鉄トラ1形	
トキ12000	12001-12004	30	1948-1958	国鉄トキ900形	
トフ1	1-5	7	1941-1960	名古屋電鉄	
トフ30	31-33	6	1941-1960	美濃電	軌道線
	34-36		1943-1946	竹鼻	
トフ60	61	9	1941-1961	岡崎電軌	
トフ70	71	10	1941-1954	渥美	
チ10	11-14	6	1941-1975	愛電	
チ20	21-22	10	1950-1963	国鉄チ1形	
チ30	31-34	7	1941-1963	名古屋電鉄	
チ40	41-44	7	1958-1963	(ト100形改造)	
	43-44	10		(ト150形改造)	
チ50	51-52	9	1958-1962	(ト140形改造？)	
チ80	81-82	10	1941-1972	愛電	
チ90	91-92	10	1962-1975	(ト1形改造)	
チム60	61-62	15	1966-1972	(トム800形改造)	
チキ1	1-3	25	1950-1993	国鉄チキ1形	
チキ10	11-14	22	1993-	国鉄コキ1000形	本来なら「チサ」
チキ300	301-302	25	1972-1993	大井川チキ300形	元国鉄チキ300形
ホ1	1-6	11	1958-2001	(トム900形改造)	
ホム100	101-109	15	1965-2005		
ホキ80	81-87	30	2001-	JR東海ホキ800形	

（4）名鉄の貨車諸元表

形式			ワ1	ワ100	ワ150	ワ160	ワ170	ワ180	ワ200	ワ240	ワ250	ワ400	ワ610	ワ700
番号			1-2	101-110	151-160	161	171-175	181-187	201-213	241	251-255	401-417	611-676	701-712
自重		t	5.52	7.11	7.54	6.54	4.77	4.94	5.0-5.73	6.0	5.95	6.3-6.41	6.5-7.32	6.4
荷重(石炭)		t	10	10	10	8	8	10	6-8	10	10	10	12	10
積載容積		㎥	23.1	22.51	24.03	20.01	21.82	21.17	16.11-21.3	24.18	22.97	24.67-27.81	27.78-30.31	23.28
最大寸法	長	mm	6,373	6,325	6,363	6,416	6,328	6,314	6,274	6,464	6,355	6,325	6,579	6,220
	幅	mm	2,616	2,616	2,567	2,235	2,324	2,261	2,540	2,413	2,451	2,311	2,667	2,340
	高	mm	3,232	3,236	3,300	2,985	3,200	3,214	3,080	3,531	3,232	3,429	3,639	3,425
内部寸法	長	mm	5,499	5,498	5,530	5,550	5,461	5,448	5,462	5,461	5,499	5,512	5,893	5,452
	幅	mm	2,146	2,121	2,130	2,057	2,070	1,981	2,070	1,981	2,121	2,159	2,210	2,000
	高	mm	1,803	1,930	2,040	1,753	1,930	1,962	1,971	2,433	1,969	2,070	2,210	2,135
軸距(BC間距)		mm	3,048	3,048	3,050	3,048	2,743	3,048	2,438-3,048	3,048	3,048	3,000	3,048	3,070
車軸			準基本10t短	10t短	10t短	7t短	7t短	7t短	7t短	10t短	7t短	7t短	10t短	7t短
担バネ・台車			2種	2種	7種	2種	1種	1種	1種/準5種	1種	2種	2種準8種	3種/5種	準7種
制動			車側	車側・空(KD)	車側・空(KD)	車側	車側	車側	車側	車側	車側	車側	車側	車側
製造年			1926(T15)	1927-1928(S2-3)	1929(S4)	1890(M23)	1901(M34)	1914(T3)	1897-1905(M30-	1899(M32)	1922(T11)	1897-1911(M30-	1922-24(T11-13)	
製造所			日車	日車	日車	神戸工場	日車	天野	日車・松井ほか	日車	日車	日車ほか	日車	
出自・前所有社			美濃電・谷汲	愛電	愛電	三河	三河	三河	尾西	尾西	三河	尾西	愛電	国鉄
備考						木造時		173のみ空制あり	寸法は210-213のもの			254・255は空制あり	寸法は401-412のもの	621-660は若干寸法異なる	要目は703-709のもの

形式			ワ750	ワム500	ワム5000	ワム5100	ワム5200	ワム6000	ワム10000	ワ771	ワ710	ワ720	ワ730
番号			751-755	501-599	5001-5053	5101-5105	5106-5107	5201-5235	6001-6025	10001-10002	1-4	11-12	21-23	31-39
自重		t	6.4	8.55-9.08	7.88	8.3	7.8	9.15	9.7	9.10	6.51	7.42	4.07	7.55
荷重(石炭)		t	10	15	15	15	15	15	15	15	9	10	5	6
積載容積		㎥	23.10	38.82	38.74	37.20	38.80	38.0	38.1	38.7	17.61	18.35	15.57	17.97
最大寸法	長	mm	6,334	7,842	7,640	7,774	7,792	7,850	7,850	7,760	6,311	6,363	7,569	6,324
	幅	mm	2,154	2,736	2,736	2,736	2,736	2,737	2,739	2,740	2,209	2,616	2,184	2,534
	高	mm	3,425	3,730	3,730	3,730	3,733	3,740	3,700	3,727	3,228	3,236	3,308	3,236
内部寸法	長	mm	5,450	6,960	6,960	6,960	6,950	7,000	6,900	6,953	4,762	4,438	4,785	4,393
	幅	mm	1,990	2,300	2,300	2,300	2,300	2,300	2,300	2,289	1,866	2,146	1,854	2,120
	高	mm	2,130	2,425	2,375	2,323	2,630	2,365	2,548	2,426	1,981	1,930	1,842	1,930
軸距(BC間距)		mm	3,050	3,962	3,960	3,960	3,900	3,900	3,900	3,962	3,048	3,048	1,829	3,048
車軸			7t短	10t短	10t短	10t短	12t長	12t長	12t長	10t短	7t短	10t短		7t短
担バネ・台車			7種	5種	5種	5種	7種	6種	13種	6種	1種	2種		1種
制動			車側	車側・空(KC)	車側・空(KC)	車側	車側・空(KD)	車側・空(KC)	車側・空(KC)	車側・空(KC)	手・空(KD)	手・空(KC)	手	手・空(KD)
製造年				1924-1925(T13-14)	1924-1925(T13-14)	1924(T13)	1928(S3)	1942-1943(S17-18)	1962-1963(S37-38)	1916(T5)	1917(T6)	1928(S3)	1922(T11)	1920(T9)
製造所				汽車・東洋	日車	日車	伊那電	日車・木南	日車		名古屋電車	日車	名古屋電車	日車
出自・前所有社			国鉄	三河	愛電	尾西	東美			国鉄	瀬戸電	瀬戸電	美濃電	愛電
備考			755は要目異なる	東洋製は10t長軸			木造時						軌道用	

形式			ワフ45	ワフ50		ワフ70	ワフ80	ワフ90	ツ600	ツム5500	ト1	ト50	ト100	ト150
番号			45	51-62		71-73	81-84	91-93	601-610	5501-5510	1-34	51-54	101-130	153-154
自重		t	6.6	7.35	7.35	7.26	6.05	6.45	7.32	7.88	6.0	5.14	5.4	5.0
荷重(石炭)		t	9	8		10	8	10	12	15	10(8)	10	8	10
積載容積		㎥	14.82	27.24	24.91	17.39	14.01	13.88	28.78	38.74	27.72	25.94		
最大寸法	長	mm	6,230	8,200	8,200	6,324	6,321	6,314	6,579	7,640	6,590	6,373	6,320	6,503
	幅	mm	2,194	2,460	2,460	2,626	2,438	2,438	2,667	2,736	2,590	2,413	2,345	2,413
	高	mm	3,537	3,357	3,357	3,236	3,207	3,214	3,639	3,730	1,708	2,070	1,705	2,070
内部寸法	長	mm	3,480	6,392	5,445	4,393	3,605	3,572	5,893	6,960	5,689	5,461	5,478	5,461
	幅	mm	1,873	2,084	2,084	2,120	1,981	1,981	2,210	2,344	2,286	2,184	2,112	2,184
	高	mm	2,273	2,045	2,045	1,930	1,962	1,962	2,210	2,375	615	711	610	711
軸距(BC間距)		mm	3,048	3,250	3,960	3,050	3,048	3,048	3,048	3,960	3,048	3,048	3,048	3,048
車軸			10t短	7t短	10t短	10t短	7t短	7t短	10t短	10t短	10t短	10t短	準基本7t短	10t短
担バネ・台車			2種	1種	2種	3種	1種	1種	5種	5種	2種	2種	1種	2種
制動			手・空(KD)	手・空(KC)	手・空(KD)	手・空(KD)	手・空(KD)	手・空(KD)	車側	車側・空(KC)	車側・空(KD)	車側	車側	車側
製造年			1925(T14)	1912(M45)		1928(S3)	1914	1914(T3)	1922(T11)	1924](T13)	1904-1914(M37-)	1926(T15)	1913(T2)	](T14)1925
製造所			日車	梅鉢		日車	天野	天野	日車	日車	天沼・名電ほか	日車	日車	日車
出自・前所有社			岡崎電軌	名古屋電鉄		愛電	三河	三河	愛電	愛電	瀬戸電	美濃電・谷汲	名古屋電鉄・尾西	各務原
備考				更新前	更新後						4・7は寸法が異なる		105-108は要目異なる	

形式			ト200	ト300	ト330	ト400	ト600	ト650		ト700		ト750	トム500	トム800
番号			201-255	301-320	331-381	401-426	601-606	651	652-655	701-702	703-704	751-765	501-520	801-900
自重		t	5.8-6.34	5.59-6.19	5.8	4.41-4.5	4.98	5.53	5.97	6.01	6.0	6.25	8.42	7.0-7.22
荷重(石炭)		t	10(8)	10(7)	10(7)	10(7)	10(7)	10(8)	10(7)	12(8)	10(8)	12(8)	15(12)	15(15)
積載容積		㎥	25.07	25.46	24.1				23.95	28.17	24.2	28.59		
最大寸法	長	mm	6,375	6,286	6,315	6,314	6,099	6,366	6,360	6,579	6,330	6,769	7,779	7,832
	幅	mm	2,311	2,438	2,310	2,362	2,362	2,413	2,300	2,515	2,260	2,514	2,540	2,482
	高	mm	2,045	1,638	1,710	1,709	1,721	2,070	1,660	1,696	2,055	1,695	1,890	2,376
内部寸法	長	mm	5,664	5,486	5,465	5,410	5,194	5,461	5,430	5,867	5,424	5,867	7,029	6,930
	幅	mm	2,108	2,210	2,100	2,108	2,108	2,184	2,100	2,286	2,034	2,286	2,260	2,200
	高	mm	711	610	620	629	641	711	610	616	610	615	813	1,000
軸距(BC間距)		mm	3,048	3,140	3,048	3,048	2,743	3,048	3,060	3,048	3,050	3,048	3,962	3,962
車軸			7t短	7t短	7t短	7t短	7t短	10t短	10t短	10t短	10t短	10t短	10t短	10t短
担バネ・台車			2種	1種/準8種	2種	7種ほか	1種	3種	2種	3種	3種	2種	10種	5種/10種
制動			車側	車側	車側・空(KD)	車側	車側	車側	車側・空(KD)	車側・空(KD)	車側・空(KD)	車側・空(KD)	車側・空(KD)	車側
製造年			1913-1917(T2-6)	1897-1911(M30-)		1914-1918(T3-7)	1902(M35)	1923(T12)		1923(T12)	1941(S16)	1924(T13)	1924(T13)	1924-1925(T13-14)
製造所			日車	日車・松井ほか		天野	汽車	日車		名古屋電車	第一機械	名古屋電車	日車・東洋	汽車・東洋
出自・前所有社			愛電	尾西	国鉄	三河	三河	三河	国鉄	愛電	富山地鉄	瀬戸電	尾西	三河
備考			254・255は空制あり	316-320は空制あり	要目は344-357のもの	寸法は407-426のもの								東洋製は10t長軸

形式		トム900	トム950	トム970	トム990	トム1000	トム1100	トム11000	トラ70	トラ11000	トキ12000	トフ1
番号		901-917	918-920	951-960	971-978	991	1001-1020	1101-1120	11001-11003	71-73	11001-11003	12001-12004	1-5
自重	t	7.18-8.03	7.25	7.55	7.65	6.95	8.26	8.45	8.02	8.9	9.56		5.0
荷重(石炭)	t	15(15)	15(15)	15(15)	15(15)	15(15)	15(15)	15(15)	15(15)	17	17(17)	30(30)	7
積載容積	㎥	37.17		37.09	36.81	37.3	38.65	37.28	18.6	44.5	21.3	49.7	
最大寸法	長 mm	7,640	7,792	7,832	7,780	7,750	8,788	8,056	7,760	9,456	9,058	9,550	6,320
	幅 mm	2,526	2,478	2,451	2,460	5,480	2,558	2,740	2,438	2,700	2,740	2,714	2,345
	高 mm	2,376	2,373	2,374	2,400	2,400	2,235	2,255	2,394	2,750	2,470	2,940	2,099
内部寸法	長 mm	6,930	6,930	6,934	6,940	6,970	7,926	7,156	6,928	8,650	8,130	8,650	5,478
	幅 mm	2,200	2,200	2,200	2,210	2,230	2,286	2,480	2,184	2,450	2,428	2,500	2,112
	高 mm	1,000	1,000	1,000	1,000	1,000	856	850	1,016	800	850	1,800	610
軸距(BC間距)	mm	3,900	3,900	3,898	3,960	3,960	3,962	4,000	3,962	5,000	4,200	2750×2	3,048
車軸		10t短	10t長/12t長	10t短	10t長	10t短	10t短	12t長	12t短	12t長	12t短	12t短	準基本7t短
担バネ・台車		5種/7種	7種	5種/10種	5種	5種	6種	6種	6種	13種	6種	12種	1種
制動		車側・空(KC)	車側・空(KC)	車側	車側・空(KC)	車側・空(KC)	車側・空(KC)	車側・空(KC)	車側・空(KC)	車側・空(KC)	車側・空(KC)	車側・空(KD)	手
製造年		1923-1928(T12-	1928(S3)	1926(T15)			1929(S4)	1942-1943(S17-18)					1913(T2)
製造所		日車	伊那電	日車			日車	日車・木南					日車
出自・前所有社		愛電	東美	瀬戸電	国鉄	国鉄	愛電		国鉄	国鉄(JR貨物)	国鉄	国鉄	名古屋電鉄
備考			920は空制なし										

形式		トフ30	トフ60	チ10	チ20	チ30	チ80	チキ1	チキ10	チキ300	ホ1	ホム100	ホキ80
番号		31-33	61	11-14	21-22	31-34	81-82	1-3	11-14	301-302	1-6	101-109	81-87
自重	t	3.56	5.69	5.07	5.07	3.94	5.07	12.4	22	12.1/11.6	8.7	9.0	18.1
荷重(石炭)	t	6	9(8)	6	10	7	10	25	22	25	11	15	30
積載容積	㎥	19.96		21.67			27.13	51.54		53.1	7.61	9.0	18.0
最大寸法	長 mm	6,147	6,173	6,274	6,370	6,426	6,172	11,310	16,320	11,670	7,832	8,500	12,800
	幅 mm	2,134	2,286	2,184	2,690	2,210	2,550	2,460	2,600	2,590	2,506	2,555	2,742
	高 mm	1,886	2,527	1,411	1,400	1,035	2,172	1,950	3,679	2,924	2,500	2,850	2,909
内部寸法	長 mm	4,724	5,461				5,563	10,670		11,000	6,131	5,100	7,470
	幅 mm	1,981	2,057				2,550	2,300		2,300	2,161	2,413	2,580
	高 mm	610	711				800	850		1,805	1,150		1,550
軸距(BC間距)	mm	1,829	3,048	3,048	3,080	3,048	3,048	1,620(7,620)	1,750(11,100)	1,650(8,000)	3,900	4,570	1,650(9,200)
車軸			7t短	7t短	7t短/10t短	準基本7t短	7t短	10t短	14t短	10t長	10t短	12t長	14t短
担バネ・台車		1種	2種	1種	2種	準5種	3種	TR15	TR215F	TR16	7種	10種	TR214B
制動		手	手・車側	車側	車側・空(KD)	車側	車側	車側・空(KC)	空(ASD)	車側・空(KC)	車側・空(KC)	車側・空(KD)	車側・空(KD)
製造年		1912-1917(M45-	1925(T14)	1930(S5)		1913(T2)	1925(T14)				1958-1959(S33-	1965-1984(S40-	
製造所		日車	日車	愛電改		日車	日車				自社改	日車・名鉄住商	
出自・前所有社		美濃電	岡崎電軌	愛電	国鉄	名古屋電鉄	愛電	国鉄	国鉄	大井川鉄道			国鉄(JR東海)
備考		軌道用			22は空制なし			要目は1のもの					87はTR41Cのまま廃車

注1)本表は名古屋鉄道株式会社「貨車一覧表」昭和29年5月作成を底本に、同昭和24年11月25日作成、同、昭和39年4月現在、同昭和41年4月現在、「鉄道(運輸)省文書」、名鉄竣工図、国鉄貨車形式図、日本鉄道車輛工業会「日本の貨車-技術発達史-」(2009)、「鉄道ピクトリアル」各号で補って作成した。
注2)紙幅の都合や資料欠落により、一部形式を省略している。

（5）貨車配置表

貨車配置一覧表

昭和30年6月1日現在

車両部 保修課

1955(昭和30)年6月『貨車配置一覧表』（名古屋鉄道車両部）。直通欄は、国鉄へ直通可能な貨車。非直通欄は名鉄線内専用の貨車。

貨車配置一覧表

昭和35年12月1日　名古屋鉄道株式会社　車両部

1960(昭和35)年12月『貨車配置一覧表』(名古屋鉄道車両部)。貨物輸送の最盛期で、ほぼ全ての貨車を刈谷工場が管理していた。

貨車配置表　名古屋鉄道株式会社

線	工場	ト	トム	ホム	キ	キャ	カ	貨	計
尾西線								5223 5224 (2)	11
小牧線									0
広見線	新川							⑨	11
常滑線			1~3 301.302 ⑤	13.14 91.92 ④	101 102 105 ③	1~3 ③	6016~6025 ⑩	5210 6216 (2)	12
河和線					103 104 106	4~6			10
築港線									2
犬山線								⑥	0
三河線		511~520 ⑩			107 ③	4~6 ③	6001~6015 ⑮	6511 (1)	19
西尾線									0
蒲郡線								③	15
瀬戸線								71.72 39 ① 5222	20
揖斐線								①	4
谷汲線	川合	14.15 (2)							0
計		2		6	6	4	25	6 15	
備考		計33{直0 非33					計46{直25 非21	事故(旧車6両) 〝5511.5210.5216 5223.5224.5212	合計 79{直25 非54

1975(昭和50)年6月『貨車配置一覧表』(名古屋鉄道車両部)
貨物輸送の終盤で、国鉄へ直通できる貨車はワム6000形25両だけになった。刈谷工場は廃止され、新川工場が管理していた。

（6）貨車の整備をした刈谷工場

　刈谷駅の西にあった刈谷工場は、三河鉄道開業の1914（大正3）年に誕生し、当初は蒸気機関車や客車・貨車の整備を行った。名鉄合併後も、1957（昭和32）年までは三河線の電車・機関車・貨車の定期検査（分解整備）を実施していたが、1958年以降は三河線の電車・機関車の定期検査を鳴海・新川工場で行い、代わりに鳴海・新川工場で行っていた貨車の定期検査を刈谷工場で行うようになり、刈谷工場は名鉄唯一の貨車整備工場となった。

　貨車の日常的な検査は刈谷、神宮前、西枇杷島の貨車区で行った。また、三河線の電車の日常的な検査は刈谷工場に隣接した刈谷検車で行った。

　1955（昭和30）年6月の貨車配置一覧表（P253参照）では所有貨車両数869両だったが、1960（昭和35）年12月（P254参照）には742両に減少、担当工場も刈谷工場に一元化された（岐阜の6両を除く）。貨車両数は減っていたが、国鉄の直通貨車（迎車と呼んだ）により輸送量は増加し、1963（昭和38）年にピークを迎えた。

　1968（昭和43）年、国鉄へ直通する貨車制限（二段リンク式に限定）が厳しくなり、社有貨車が大量廃車されたので、同年に刈谷工場は廃止された。

貨車がずらりと並んだ刈谷工場の全景　◎1959（昭和34）年2月　名鉄資料館所蔵

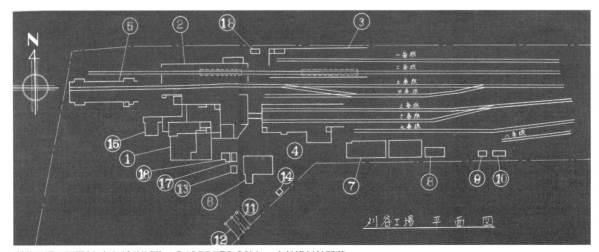

刈谷工場平面図（右方向が刈谷駅）　◎1955（昭和30）年　名鉄資料館所蔵
①事務所、②第一工場、③第二工場、④第三工場、⑤第四工場、⑥第五工場、⑦～⑨倉庫、⑩給水ポンプ室、⑪⑫材木置場、⑬配電室、⑭アセチレンガス、⑮浴室、⑯理髪室、⑰⑱便所

刈谷工場での貨車の整備作業。木造貨車が多かったので、木工職人が大活躍した。腐食した木材を取り外し、新品の木材に取り替えた。◎刈谷工場、1958(昭和33)年頃、名鉄資料館所蔵

貨車の検査。検車ハンマーで、貨車の走行装置の打音検査。◎刈谷工場、1957(昭和32)年、名鉄資料館所蔵

貨車の検査。空気ホースをつなぎ、空気ブレーキのエア漏れ検査。◎刈谷工場、1958(昭和33)年、名鉄資料館所蔵

（7）貨車の竣工図

原版は横長であるが、余白部分を圧縮して横幅を狭めた

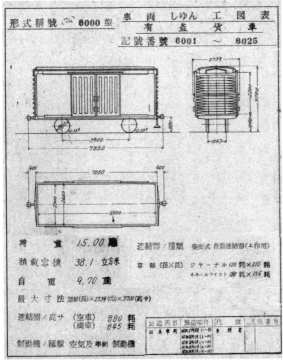

ワム6000形　竣工図

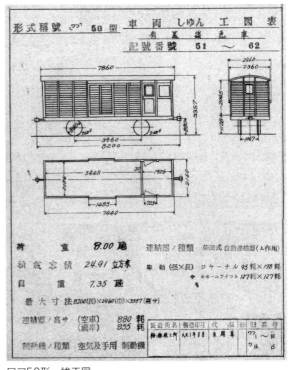

ワフ50形　竣工図

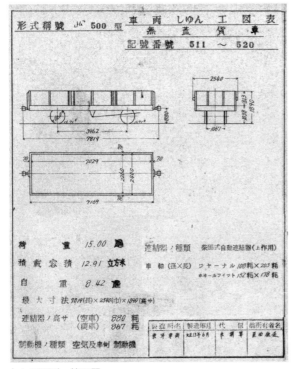

トム500形　竣工図

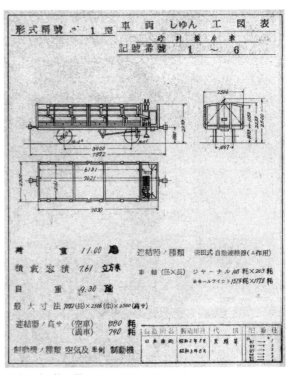

ホ1形　竣工図

第8章

資料編

常滑線開業70周年で、デキ401−モ810−ワム6017−デキ376の混合列車が運転された。イベント用に混合列車が運転されたのは最初で最後。◎日長〜新舞子、1982(昭和57)年2月28日、撮影：服部重敬

（1）昭和21〜60年の貨物収入と運輸収入

運輸収入＝旅客＋手小荷物＋貨物＋運輸雑収

『名古屋鉄道百年史』より

年度		貨物輸送 （千トン）	貨物収入 （千円）	運輸収入 （千円）	貨物収入の割合	
1946	昭和21	2,741	5,182	113,236	4.6%	
1947	昭和22	2,970	19,936	365,074	5.5%	
1948	昭和23	2,765	106,359	1,113,476	9.6%	
1949	昭和24	2,979	222,946	2,167,097	10.3%	
1950	昭和25*	4,235	359,227	3,345,714	10.7%	17ヶ月分計上
1951	昭和26	3,576	338,503	3,056,202	11.1%	
1952	昭和27	3,248	468,158	3,852,131	12.2%	
1953	昭和28	3,493	542,995	4,472,223	12.1%	
1954	昭和29	3,393	519,388	4,710,476	11.0%	
1955	昭和30	3,082	472,214	4,779,751	9.9%	
1956	昭和31	3,402	501,360	5,178,835	9.7%	
1957	昭和32	3,423	546,210	5,624,432	9.7%	
1958	昭和33	3,031	474,273	5,887,794	8.1%	
1959	昭和34	3,156	486,900	6,606,392	7.4%	
1960	昭和35	3,657	559,318	7,374,060	7.6%	
1961	昭和36	3,948	661,234	8,201,071	8.1%	
1962	昭和37	3,842	636,349	9,227,034	6.9%	
1963	昭和38	4,097	670,502	10,457,449	6.4%	貨物量最大
1964	昭和39	3,828	614,978	10,808,594	5.7%	
1965	昭和40	1,847	389,807	11,142,155	3.5%	
1966	昭和41	1,797	321,334	13,670,182	2.4%	
1967	昭和42	1,795	324,034	14,162,492	2.3%	
1968	昭和43	1,578	285,962	14,406,264	2.0%	
1969	昭和44	1,372	249,451	14,869,136	1.7%	
1970	昭和45	1,230	227,343	17,218,214	1.3%	
1971	昭和46	990	185,594	20,026,870	0.9%	
1972	昭和47	779	146,149	20,735,392	0.7%	
1973	昭和48	748	141,765	20,048,722	0.7%	
1974	昭和49	631	130,792	25,205,339	0.5%	
1975	昭和50	523	123,522	30,053,672	0.4%	
1976	昭和51	539	149,612	34,884,573	0.4%	
1977	昭和52	323	105,925	36,389,395	0.3%	
1978	昭和53	225	77,817	38,500,998	0.2%	
1979	昭和54	218	82,099	44,845,464	0.2%	
1980	昭和55	184	81,055	46,708,786	0.2%	
1981	昭和56	137	68,696	52,823,628	0.1%	
1982	昭和57	89	46,540	54,922,513	0.1%	
1983	昭和58	63	31,372	60,476,666	0.1%	
1984	昭和59	19	9,759	61,764,874	0.0%	
1985	昭和60	10	5,535	64,883,594	0.0%	

昭和25年から年度の切れ目が変わり、昭和25年度のみ17ヶ月分を計上

（2）貨車数と貨物取扱駅の推移

『名古屋鉄道百年史』、名鉄貨物課資料、名鉄資料館所蔵「各駅運輸成績表」を元に作成

年度	昭和	輸送ト数（千トン）	貨車数（両）	取扱駅（駅）	貨物取扱廃止駅 駅名の左側の数字は廃止月日
1951	26	3,576	890	156	
1952	27	3,248	887	156	
1953	28	3,493	887	156	
1954	29	3,393	869	156	
1955	30	3,082	869	154	1.5男川・三河楠
1956	31	3,402	869	153	8.1善師野
1957	32	3,423	864	150	7.1大同町、11.21有松・春里
1958	33	3,031	812	146	5.1三柿野、1.21東幡豆・旭前・中畑
1959	34	3,156	761	134	6.11苅安賀・坂部・知多武豊、9.16鳴海・蒲池、3.1石仏・古知野・三河荻原、3.16甚目寺・木田・勝幡、3.27港前(平坂支線廃止)
1960	35	3,657	733	130	4.5名和、12.1豊田市・知多半田・東一宮
1961	36	3,948	719	115	5.1榎戸、5.11御油・岩津・上挙母・竹村・三河八橋・玉津浦・松木島・今渡・伏見口・兼山口・兼山・河和口、7.30安城(安城支線廃止)、10.1名電赤坂
1962	37	3,842	635	101	4.1豊明・米津・福地・浅野・上丸渕、5.2柏森・扶桑、6.11岡崎殿橋・岡崎駅前、7.11奥町・八百津、8.15国府宮、1.10三郷、2.16大野町
1963	38	4,097	572	86	4.1西春・丸渕・西一宮・西浦、7.1忠節・美濃北方・政田・黒野・清水・本揖斐・長瀬・谷汲、10.1御嵩口、2.1碧海桜井・南安城
1964	39	3,828	511	73	7.1津島・上横須賀、10.1三河旭・棚尾・小幡・美濃・新関・徹明町、1.1今村・寺津・刈谷市・若林・西幡豆
1965	40	1,847	441	52	4.25元小山(一宮線廃止)、5.1西中金・玉ノ井・岩倉、8.20名電築港、9.1豊橋・伊奈・国府・本宿・三河知立・堀田・神宮前・新岐阜、2.10西枇杷島・須ヶ口・新一宮・犬山・西笠松・竹鼻・羽島・大須
1966	41	1,797	423	50	7.21富貴・萩原、10.1全線で小口扱廃止(47駅)
1967	42	1,795	424	46	8.20寺本・新舞子、10.1佐屋・六輪
1968	43	1,578	98	42	10.1小牧・豊山・植大、12.1木津用水
1969	44	1,372	94	40	7.1西尾・吉良吉田
1970	45	1,230	81	37	4.1尾張横山、5.1尾張横須賀、1.1河和
1971	46	990	81	35	10.1大樹寺・多屋
1972	47	779	79	32	7.11矢作橋・山崎川、3.4トヨタ自動車前(挙母線廃止)
1973	48	748	79	32	
1974	49	631	79	32	
1975	50	523	75	32	
1976	51	539	75	32	
1977	52	323	71	20	5.25三河一色・三河平坂・碧南・新川町・北新川・高浜港・三河高浜・吉浜・小垣江、12.25梅坪、2.15尾張瀬戸・大曽根
1978	53	225	56	19	7.20森上
1979	54	218	44	19	
1980	55	184	44	19	
1981	56	137	34	18	2.1常滑
1982	57	89	34	14	6.16美合、9.30東岡崎、11.16新可児・可児川
1983	58	63	37	1	5.31弥富・日比野、1.1刈谷・土橋・越戸・猿投・枝下・三河広瀬・大江・聚楽園・太田川・新鵜沼・布袋
1984	59	19	34	1	
1985	60	10	36	0	12.16東名古屋港駅の貨物取扱業務を日本通運に委託

注1）貨車数と取扱駅数は年度末の数字
注2）1978年までの廃止駅の日付は貨物課資料による。

（3）1963（昭和38）年度の『私鉄統計年報』で見る名鉄
（名鉄の貨物輸送量が最大の年）

『私鉄統計年報』昭和38年度版より

名鉄の輸送成績表

	数量（貨物はトン、旅客は千人）			収入（千円）			収入割合
	鉄道	軌道	計	鉄道	軌道	計	
車扱貨物	4,069,905	0	4,069,905	634,271	0	634,271	6.1%
小口扱貨物	26,914	673	27,587	35,560	671	36,231	0.3%
貨物（車扱+小口扱）計	4,096,819	673	4,097,492	669,831	671	670,502	6.4%
手荷物	34千個		34千個	2,469	44	2,513	0.0%
小荷物	851千個	38千個	889千個	94,613	2,296	96,909	0.9%
郵便物				1,032		1,032	0.0%
運輸雑収				388,002	6,176	394,178	3.8%
旅客（定期）	223,177	19,842	243,019	3,224,835	149,685	3,374,520	32.3%
旅客（定期外）	105,616	14,007	119,623	5,693,674	224,122	5,917,796	56.6%
合計				10,074,456	382,994	10,457,450	100.0%

車扱貨物主要物資別輸送実績表
（昭和38年度）

物資別		輸送トン	割合
主要物資	石炭	47,417	1.2%
	セメント	94,406	2.3%
	石灰石	19,414	0.5%
	砂利	56,563	1.4%
	肥料	202,460	5.0%
	木材	137,742	3.4%
	鉄鉱	133,933	3.3%
	機械工業品	381,425	9.4%
	石油類	537,961	13.2%
	石灰類	4,191	0.1%
	米	54,356	1.3%
	化学薬品	194,604	4.8%
	パルプ・紙	116,675	2.9%
	コークス	24,232	0.6%
	石材・石	1,821	0.0%
	麦	56,804	1.4%
	銑鉄	83,379	2.0%
	坑木	10	0.0%
	野菜	29,241	0.7%
	計	2,176,634	53.5%
その他		1,893,271	46.5%
合計		4,069,905	100.0%

営業キロ及び走行キロ表
（昭和38年度）　営業キロにはモノレール1.2キロを含む

	鉄道	軌道	計
営業キロ	502.8	39.7	542.5
旅客営業	502.0	39.7	541.7
貨物営業	476.2	25.7	501.9

動力車キロ（千キロ）

	鉄道	軌道	計
電気機関車	1,122		1,122
内燃機関車	49		49
電動車	56,661	3,132	59,793

列車走行キロ（千キロ）

	鉄道	軌道	計
旅客	23,076	2,967	26,043
貨物	1,081		1,081
混合	7		7
計	24,164	2,967	27,131

客車走行キロ（千キロ）

	鉄道	軌道	計
	77,621	3,299	80,920

貨車走行キロ（自線内・千キロ）

	鉄道	軌道	計
自己車両	3,323		3,323
他鉄道車両	4,777		4,777
計	8,100	0	8,100

（4）1963（昭和38）年度の路線別運輸収入内訳

(名鉄の貨物輸送量が最大の年)

名鉄資料館所蔵「各駅運輸成績表」より

線名	営業キロ	旅客	手小荷物	郵便物	貨物	運輸雑収	運輸総収入
	キロ	千円	千円	千円	千円	千円	千円
本線(豊橋～名古屋)	68.0	3,060,570	32,523	366	214,575	106,261	3,414,295
本線(名古屋～岐阜)	31.8	2,127,292	20,290	74	18,416	67,775	2,233,848
西尾・蒲郡	42.3	267,789	2,815	263	7,805	7,864	286,537
三河・挙母	76.6	601,774	6,602	76	128,013	33,783	770,248
常滑・築港・河和	60.0	1,009,177	11,747	64	207,997	105,577	1,334,562
津島	11.8	145,201	1,942	40	0	5,472	152,655
尾西	30.9	174,294	2,427	0	13,453	5,760	195,933
竹鼻	17.0	94,757	680	0	1,522	2,629	99,588
犬山・一宮	33.9	645,425	4,951	33	18,014	23,295	691,718
モノレール	1.2	55,996	0	0	0	37	56,034
広見・八百津	29.6	102,344	1,068	0	12,473	3,372	119,256
小牧・岩倉	26.1	104,031	777	0	7,654	6,958	119,420
各務原	17.6	179,840	680	0	0	4,776	185,295
瀬戸	21.0	215,375	7,961	115	39,840	10,340	273,630
揖斐・谷汲	29.5	124,950	2,621	0	69	3,735	131,376
鏡島	4.4	9,693	0	0	0	368	10,061
鉄道計	501.7	8,918,509	97,082	1,032	669,831	388,002	10,074,455
軌道/豊川	7.2	32,025	201	0	0	612	32,838
軌道/美濃町	19.0	69,276	1,352	0	481	1,834	72,943
軌道/岐阜市内	13.5	272,507	786	0	190	3,729	277,213
軌道計	39.7	373,808	2,340	0	671	6,175	382,994
鉄軌道計	541.4	9,292,317	99,422	1,032	670,502	394,177	10,457,449
比率		88.9%	1.0%	0.0%	6.4%	3.8%	100.0%

（5）1963（昭和38）年度の貨物取扱量 1〜50位の駅

名鉄資料館所蔵「各駅運輸成績表」を元に作成

路線名	駅名		貨物取扱量			取扱順位		備考
	(現駅名)、*印：貨物駅		発送トン	到着トン	合計トン		連絡除く	接続する専用線等
常滑・名本	神宮前	国鉄連絡	656,206	1,187,784	1,843,990	1		日本車輌・中京倉庫
築港	名電築港*		856,252	459,970	1,316,222	2	1	7〜9号地の専用線多数
三河	刈谷	国鉄連絡	327,395	475,934	803,329	3		
名本	豊橋	国鉄連絡	205,717	270,838	476,555	4		
瀬戸	大曽根	国鉄連絡	79,727	257,821	337,548	5		
築港	東名古屋港		99,940	131,535	231,475	6	2	6号地の専用線・岸壁
名本・尾西	新一宮(名鉄一宮)	国鉄連絡	131,649	85,317	216,966	7		
常滑	常滑		128,531	62,897	191,428	8	3	
犬山	新鵜沼	国鉄連絡	113,756	77,524	191,280	9		
瀬戸	尾張瀬戸		140,923	49,209	190,132	10	4	
瀬戸	尾張横山(新瀬戸)		116,019	27,421	143,440	11	5	
常滑	山崎川*		113,616	25,024	138,640	12	6	日本石油輸送・新美煉炭等
常滑	聚楽園		63,118	63,170	126,288	13	7	愛知製鋼
挙母	トヨタ自動車前		70,193	52,717	122,910	14	8	トヨタ自動車工業
広見	新広見(新可児)	国鉄連絡	68,975	43,506	112,481	15		
名本・犬山	西枇杷島		37,228	65,297	102,525	16	9	
挙母	大樹寺		24,047	75,141	99,188	17	10	日本レイヨン
三河	猿投		84,714	2,080	86,794	18	11	
尾西	森上		26,310	58,265	84,575	19	12	三興製紙
犬山	木津用水		27,636	47,439	75,075	20	13	東洋紡績
名本	美合		35,469	35,383	70,852	21	14	日清紡績
広見	ライン遊園(可児川)		43,977	20,969	64,946	22	15	名古屋パルプ
三河	土橋		32,123	32,479	64,602	23	16	トヨタ自動車工業
三河	高浜港		57,143	4,461	61,604	24	17	
三河	碧南		23,034	32,505	55,539	25	18	大浜三鱗
河和	河和		39,843	12,589	52,432	26	19	
三河	三河平坂		29,413	20,234	49,647	27	20	
三河	北新川		40,270	7,780	48,050	28	21	
犬山	布袋		19,177	25,623	44,800	29	22	福玉精麦
名本	堀田		20,941	21,678	42,619	30	23	興服産業
小牧	豊山*		10,478	32,040	42,518	31	24	航空自衛隊
三河	新川町		22,103	17,342	39,445	32	25	新川口側線
尾西	弥富	国鉄連絡	30,701	7,905	38,606	33		
名本	東岡崎		5,425	33,082	38,507	34	26	
三河	梅坪		21,826	16,085	37,911	35	27	
三河	三河高浜		30,507	5,907	36,414	36	28	
名本	本宿		32,691	2,868	35,559	37	29	
常滑	大江		20,588	10,854	31,442	38	30	
三河	三河一色		18,432	12,606	31,038	39	31	
西尾	西尾		5,437	22,964	28,401	40	32	
小牧	小牧		17,407	10,981	28,388	41	33	
常滑	太田川		22,346	2,994	25,340	42	34	
名本	須ヶ口		12,100	10,184	22,284	43	35	豊和工業
三河	三河広瀬		21,115	1,104	22,219	44	36	
犬山	犬山		4,635	17,106	21,741	45	37	大日本紡績
三河	越戸		21,359	183	21,542	46	38	
尾西	津島		8,659	10,894	19,553	47	39	
常滑	尾張横須賀		5,116	12,557	17,673	48	40	
常滑・名本	神宮前		13,318	2,712	16,030	49	41	
名本	国府		3,608	8,935	12,543	50	42	

注：国鉄連絡駅の、発送は連絡駅→名鉄各駅、到着は名鉄各駅→連絡駅のトン数

（6）1963（昭和38）年度の貨物収入 1〜50位の駅

(貨物収入の上位順)

名鉄資料館所蔵「各駅運輸成績表」を元に作成

路線	駅名 (現駅名)	乗降客 1日平均(人)	旅客収入 年間(千円)		貨物収入 年間(千円)	貨物数量 発着トン	内発送トン	貨物主体 の駅	順位
築港	名電築港	0	0	<	614,776	1,316,222	856,252	貨物	1
常滑	常滑	8,365	50,778	<	230,247	191,428	128,531	貨物	2
瀬戸	尾張瀬戸	10,718	27,546	<	167,858	190,132	140,923	貨物	3
瀬戸	尾張横山(新瀬戸)	2,604	7,701	<	128,318	143,440	116,019	貨物	4
挙母	トヨタ自動車前	10,929	78,775	<	97,830	122,910	70,193	貨物	5
築港	東名古屋港	9,669	65,244	<	96,846	231,475	99,940	貨物	6
三河	猿投	2,208	8,001	<	93,589	86,794	84,714	貨物	7
常滑	聚楽園	7,304	30,503	<	80,154	126,288	63,118	貨物	8
三河	高浜港	3,946	21,571	<	72,642	61,604	57,143	貨物	9
常滑	山崎川	0	0	<	62,460	138,640	113,616	貨物	10
名本B	西枇杷島	8,919	29,261	<	61,095	102,525	37,228	貨物	11
三河	北新川	4,593	27,781	<	53,032	48,050	40,270	貨物	12
河和	河和	8,546	61,872	>	48,105	52,432	39,843	-	13
三河	碧南	4,976	38,911	<	47,438	55,539	23,034	貨物	14
広見	ライン遊園(可児川)	3,310	17,941	<	45,008	64,946	43,977	貨物	15
犬山	木津用水	1,121	5,763	<	44,283	75,075	27,636	貨物	16
尾西	森上	4,294	26,535	<	43,857	84,575	26,310	貨物	17
三河	三河平坂	1,270	9,545	<	41,021	49,647	29,413	貨物	18
犬山	布袋	8,875	37,196	<	39,797	44,800	19,177	貨物	19
三河	三河高浜	4,342	21,990	<	37,923	36,414	30,507	貨物	20
名本A	美合	5,293	25,623	<	37,900	70,852	35,469	貨物	21
名本A	本宿	4,903	26,328	<	35,814	35,559	32,691	貨物	22
三河	新川町	3,893	26,804	<	33,245	39,445	22,103	貨物	23
三河	土橋	6,223	23,398	<	31,461	64,602	32,123	貨物	24
名本A	堀田	23,151	125,034	>	29,531	42,619	20,941	-	25
三河	梅坪	897	2,860	<	26,696	37,911	21,826	貨物	26
三河	越戸	784	3,108	<	26,216	21,542	21,359	貨物	27
三河	三河広瀬	1,526	7,749	<	25,015	22,219	21,115	貨物	28
三河	三河一色	2,465	18,615	<	24,992	31,038	18,432	貨物	29
常滑	太田川	9,896	37,495	>	23,099	21,846	17,010	-	30
小牧	小牧	9,796	36,182	>	20,552	28,388	17,407	-	31
尾西	津島	20,153	103,842	>	17,723	19,553	8,659	-	32
常滑	大江	8,354	28,020	>	16,822	31,442	20,588	-	33
名本B	須ヶ口	10,613	54,082	>	15,994	22,284	12,100	-	34
名本A	矢作橋	2,626	19,812	>	14,357	11,131	8,492	-	35
挙母	大樹寺	2,538	17,088	>	13,293	99,188	24,047	-	36
三河	枝下	455	2,160	<	12,259	8,464	8,462	貨物	37
竹鼻	竹鼻	3,894	23,426	>	10,930	11,000	3,775	-	38
名本A	伊奈	2,964	15,776	>	10,806	7,102	7,007	-	39
常滑	尾張横須賀	9,919	45,990	>	10,508	17,673	5,116	-	40
西尾	西尾	9,242	69,781	>	7,984	28,401	5,437	-	41
蒲郡	形原	2,234	11,117	>	6,749	1,288	1,163	-	42
名本A	東岡崎	40,053	317,779	>	5,535	38,507	5,425	-	43
三河	吉浜	2,662	12,850	>	5,037	5,482	2,764	-	44
三河	棚尾	642	3,546	<	4,838	4,884	3,753	貨物	45
西尾	上横須賀	2,891	16,839	>	4,770	8,501	3,792	-	46
尾西	六輪	1,342	8,761	>	4,518	6,707	2,447	-	47
三河	吉良吉田	3,585	27,394	>	4,406	11,708	6,625	-	48
常滑	寺本	5,775	24,051	>	4,391	6,933	4,234	-	49
三河	三河旭	576	3,225	<	3,933	3,274	2,094	貨物	50

注：旅客収入より貨物収入が多い駅を貨物主体の駅とした。

（7）1951（昭和26）年度下期の貨物取扱量 1～50位の駅

(半年分)

路線名	駅名 (現駅名)、*印貨物駅		小口扱(トン)			車扱(トン)			合計(トン)			順位	連絡除
			発送	到着	計	発送	到着	計トン	発送	到着	計		
常滑	神宮前	国鉄連絡	1,802	3,685	5,487	212,756	246,074	458,830	214,558	249,759	464,317	1	
三河	刈谷	国鉄連絡	1,925	3,110	5,035	144,834	170,099	314,933	146,759	173,209	319,968	2	
築港	名電築港*		200	46	246	117,014	102,532	219,546	117,214	102,578	219,792	3	1
瀬戸	大曽根	国鉄連絡	266	971	1,237	63,619	83,317	146,936	63,885	84,288	148,173	4	
犬山	新鵜沼	国鉄連絡	359	318	677	74,100	34,678	108,778	74,459	34,996	109,455	5	
渥美	新豊橋	国鉄連絡	311		311	54,399	46,786	101,185	54,710	46,786	101,496	6	
広見	新広見(新可児)	国鉄連絡	466	169	635	19,409	70,839	90,248	19,875	71,008	90,883	7	
瀬戸	尾張瀬戸		907	361	1,268	48,258	40,466	88,724	49,165	40,827	89,992	8	2
名本A	豊橋	国鉄連絡	1,466	407	1,874	24,258	45,655	69,913	25,724	46,062	71,787	9	
各務原	新那加	国鉄連絡			0	61,424	6,969	68,393	61,424	6,969	68,393	10	
各務原	三柿野				0	6,969	61,424	68,393	6,969	61,424	68,393	10	3
名本B	新一宮(名鉄一宮)	国鉄連絡	737	1,846	2,583	33,541	30,389	63,930	34,278	32,235	66,513	12	
築港	東名古屋港		138	763	901	28,182	37,393	65,575	28,320	38,156	66,476	13	4
尾西	弥富	国鉄連絡	982	562	1,543	49,161	14,244	63,405	50,143	14,806	64,948	14	
常滑	常滑		2,164	246	2,410	35,481	24,866	60,347	37,645	25,112	62,757	15	5
渥美	三河田原		194	57	251	31,741	29,645	61,386	31,935	29,702	61,637	16	6
犬山	犬山		8	103	111	17,590	38,606	56,196	17,598	38,709	56,307	17	7
安城支	安城	国鉄連絡	781	923	1,704	32,452	15,861	48,313	33,233	16,784	50,017	18	
常滑	山崎川*			104	104	36,835	12,211	49,046	36,835	12,315	49,150	19	8
瀬戸	尾張横山(新瀬戸)		51	6	57	32,359	10,397	42,756	32,410	10,403	42,813	20	9
尾西	新一宮(名鉄一宮)	国鉄連絡	846	972	1,818	28,758	9,537	38,295	29,604	10,509	40,113	21	
名本A	堀田		107	155	262	20,683	18,484	39,167	20,790	18,639	39,429	22	10
広見	御嵩(御嵩口)		130	105	235	34,208	916	35,124	34,338	1,021	35,359	23	11
知多	河和		29	84	112	30,355	3,827	34,182	30,384	3,911	34,294	24	12
名本A	神宮前	国鉄連絡	370	556	925	18,971	13,415	32,386	19,341	13,971	33,311	25	
挙母	三河豊田(トヨタ自動車前)		8	245	253	11,380	20,391	31,771	11,388	20,636	32,024	26	13
名本A	東岡崎		481	197	678	8,253	21,010	29,263	8,734	21,207	29,941	27	14
名本A	美合		143	103	246	17,031	10,269	27,300	17,174	10,372	27,546	28	15
三河	北新川		183	93	276	18,240	7,500	25,740	18,423	7,593	26,016	29	16
挙母	大樹寺		173	221	394	6,859	17,690	24,549	7,032	17,911	24,943	30	17
渥美	高師			102	102	11,698	11,941	23,639	11,698	12,043	23,741	31	18
三河	大浜港(碧南)		882	409	1,291	16,301	5,786	22,087	17,183	6,195	23,378	32	19
尾西	津島		192	602	794	3,245	18,839	22,084	3,437	19,441	22,878	33	20
尾西	森上		362	642	1,004	6,923	14,426	21,349	7,285	15,068	22,353	34	21
三河	挙母(豊田市)		81	267	348	14,528	6,731	21,259	14,609	6,998	21,607	35	22
常滑	聚楽園		14	28	43	6,749	14,696	21,445	6,763	14,724	21,488	36	23
名本B	須ヶ口		502	107	610	8,443	9,391	17,834	8,945	9,498	18,444	37	24
小牧線	豊山*			88	88	5,882	12,391	18,273	5,882	12,479	18,361	38	25
三河線	高浜港		102	67	170	11,050	7,080	18,130	11,152	7,147	18,300	39	26
碧西	西尾		641	565	1,207	3,167	10,875	14,042	3,808	11,440	15,249	40	27
名本A	鳴海		1,934	122	2,056	6,005	7,180	13,185	7,939	7,302	15,241	41	28
平坂支	港前		34		34	6,687	8,516	15,203	6,721	8,516	15,237	42	29
渥美	柳生橋			1	1	4,604	10,405	15,009	4,604	10,406	15,010	43	30
三河	新川町		112	134	246	10,446	3,991	14,437	10,558	4,125	14,683	44	31
常滑	大江		10	21	32	6,026	7,536	13,562	6,036	7,557	13,594	45	32
三河	知立(三河知立)		145	107	252	3,399	9,323	12,722	3,544	9,430	12,974	46	33
八百津	八百津		78	195	273	745	11,765	12,510	823	11,960	12,783	47	34
犬山	古知野(江南)		293	306	599	2,904	7,462	10,366	3,197	7,768	10,965	48	35
小牧	小牧		44	2	45	2,634	8,070	10,704	2,678	8,072	10,749	49	36
名本A	本宿		18	25	43	8,597	1,835	10,432	8,615	1,860	10,475	50	37

注：国鉄連絡駅の、発送は連絡駅→名鉄各駅、到着は名鉄各駅→連絡駅のトン数

（8）1951（昭和26）年度下期の路線別貨物取扱

(半年分)

名鉄資料館所蔵「運輸統計要覧」を元に作成

路線名	区間			距離	貨物			旅客を含めた総収入(千円)	貨物収入の割合
					輸送トン	延トンキロ	収入(千円)		
鉄道線									
渥美	新豊橋	—	三河田原	18.1	110,459	1,288,799	7,863	34,688	22.7%
名本線A	豊橋	—	金山橋	64.1	202,364	5,140,385	35,174	358,530	9.8%
小坂井	伊奈	—	小坂井	1.2				1,116	0.0%
常滑	神宮前	—	常滑	29.4	515,352	4,753,153	31,947	126,672	25.2%
築港	大江	—	東名古屋港	1.9	284,684	386,253	2,352	9,838	23.9%
河和	太田川	—	河和	28.8	36,659	1,032,648	6,266	49,479	12.7%
西尾	今村	—	三河吉田	24.6	54,569	653,032	4,434	32,942	13.5%
平坂	西尾	—	港前	4.5	15,237	68,567	414	1,972	21.0%
三河	蒲郡	—	西中金	81.7	349,275	5,101,366	33,718	131,044	25.7%
挙母	上挙母	—	岡崎井田	11.4	57,836	340,565	2,174	13,661	15.9%
知立支線	分岐点	—	知立	0.8	74,783	59,826	364	364	100.0%
安城支線	安城	—	南安城	1.1	50,224	55,247	380	619	61.4%
新川支線	新川口	—	新川町	0.6	5,910	3,546	21	21	100.0%
福岡	福岡町	—	分界点	2.4				642	0.0%
名本線B	金山橋	—	新岐阜	35.7	98,093	922,364	6,584	358,589	1.8%
竹鼻	笠松	—	大須	17.0	18,865	184,204	1,216	23,553	5.2%
犬山	枇杷島分岐点	—	新鵜沼	26.9	155,407	1,409,513	9,325	117,069	8.0%
一宮	岩倉	—	東一宮	7.0	880	4,150	27	10,408	0.3%
岩倉支線	岩倉	—	小牧	5.5				4,346	0.0%
広見	犬山	—	御嵩	21.7	105,727	688,925	4,550	23,339	19.5%
八百津	伏見口	—	八百津	7.3	17,888	110,997	737	4,592	16.0%
津島	須ヶ口	—	津島	11.9	37,222	371,190	2,360	32,589	7.2%
尾西	弥富	—	玉ノ井	30.9	108,207	940,491	6,516	38,601	16.9%
小牧	上飯田	—	犬山	20.6	29,111	383,406	2,354	21,448	11.0%
各務原	新岐阜	—	新鵜沼	17.6	68,723	263,559	1,577	32,796	4.8%
瀬戸	堀川	—	尾張瀬戸	20.9	148,418	2,169,319	14,006	86,397	16.2%
高富	長良北町	—	高富	5.1				6,780	0.0%
鏡島	千手堂	—	森屋	2.1				2,475	0.0%
揖斐	忠節	—	本揖斐	18.4	261	2,740	89	19,110	0.5%
谷汲	黒野	—	谷汲	11.2	62	662	22	3,799	0.6%
	鉄道部合計			530.4		26,334,905	174,470	1,547,479	11.3%
軌道線									
豊川市内	国府	—	市役所前	4.4				2,014	0.0%
岡崎市内	分界点	—	岡崎井田	6.0	2,975	10,665	291	15,188	1.9%
起	新一宮	—	起	5.6				13,088	0.0%
美濃町	徹明町	—	新美濃町	24.9	658	16,384	292	39,368	0.7%
岐阜市内	駅前	—	長良北町	6.9	658	724	13	47,957	0.0%
	徹明町	—	忠節						
	軌道部計			47.8		27,773	596	117,615	0.5%
	鉄軌道合計			578.2		26,362,677	175,066	1,665,094	10.5%

路線毎の輸送トン数なので、路線を跨ぐと2重に計上

（9）専用線一覧表

トワイライトゾーンMANUAL9(2000/10月増刊)より

路線	所管駅	専用者	作業(キロ)	廃止
築港	東名古屋港	東洋レーヨン	1.3	
〃	〃	三菱倉庫	0.7	
〃	〃	大協石油	0.8	S54.6.1
〃	〃	日本車輌	0.2	S56.3.1
〃	〃	中部電力	0.8	S56.3.1
〃	〃	農林省	0.9	
〃	〃	名古屋港管理組合	0.4	
築港	名電築港	東洋レーヨン	1.0	S40.8.20
〃	〃	東亞合成化学工業	2.6	S40.8.20
〃	〃	矢作製鉄	0.1	S40.8.20
〃	〃	日本石油	1.3	S40.8.20
〃	〃	昭和石油	0.4	S40.8.20
〃	〃	出光興産	0.4	S40.8.20
〃	〃	ゼネラル物産	0.2	S40.8.20
〃	〃	三菱石油	0.5	S40.8.20
〃	〃	日本鉱油	0.3	S40.8.20
〃	〃	丸善石油	0.5	S40.8.20
〃	〃	三井物産	0.4	S40.8.20
〃	〃	ゼネラル瓦斯	0.4	S40.8.20
〃	〃	東浜油脂	0.5	S40.8.20
〃	〃	エッソ・スタンダード	0.3	S40.8.20
〃	〃	東陽油槽	0.1	S40.8.20
〃	〃	三菱商事	0.6	S40.8.20
〃	〃	中央倉庫	0.1	S40.8.20
常滑	山崎川	日本石油輸送	0.1	S46.8.1
〃	〃	日清紡績	0.1	S42.10.1
〃	〃	新美煉炭	0.1	S45.9.欠

路線	所管駅	専用者	作業(キロ)	廃止
常滑	聚楽園	愛知製鋼	1.3	S59.1.1
本線	伊奈	日本ゼニスパイプ	0.2	S40.9.1
本線	美合	日清紡績	1.9	S41.7.1
本線	矢作橋	東洋レーヨン	2.8	S47.5.10
本線	今村(新安城)	愛知紡績	0.4	S40.1.1
本線	堀田	興服産業	0.2	S40.9.1
本線	須ヶ口	豊和工業	0.1	S41.2.10
三河	土橋	トヨタ自動車工業	3.0	S49.6.1 休止
三河	碧南(分岐は玉津浦)	大浜三鱗	0.1	S43.4.1
挙母	トヨタ自動車前	トヨタ自動車工業	1.1	S48.3.4
挙母	大樹寺	日本レイヨン	3.0	S46.10.1
河和	植大	都築紡績	0.9	S43.10.1
犬山	犬山	ニチボー	0.2	S41.2.10
犬山	木津用水	東洋紡績	4.0	S43.12.1
犬山	布袋	福玉精麦	0.1	S45.4.1
広見	ライン遊園(可児川)	名古屋パルプ	1.6	S57.11.16
小牧	豊山	航空自衛隊第3航空団	1.3	S43.10.1
尾西	森上	三興製紙	4.0	S53.7.20
尾西	日比野	近藤紡績	0.2	S42より前

左と上の表はトワイライトゾーンMANUAL9（2000/10月増刊）
に掲載された「昭和39年版専用線一覧表」より

下表は同5（1996/11）掲載「昭和42年版専用線一覧表」で
昭和39年版に未記載の専用線

路線	所管駅	専用者	作業(キロ)	廃止
三河	三河一色	西三河養殖漁協	0.2	S52.6.1
三河	小垣江	東芝炉材	0.2	S52.6.1

注：廃止欄が空欄は廃止年月日不明

上記一覧表の他に、主要な専用線・側線として下記のものがあった

路線	所管駅	
本線	国鉄熱田	日本車輌・中京倉庫専用線。所管は国鉄だが入換業務は名鉄が担当。昭和50年代廃止
三河	刈谷	日本陶管専用側線（S44.3.21廃止）
三河	小垣江	依佐美送信所建設用－約2.4kmの路線、送信所完成に伴い廃止（S4.3.4廃止）
三河	新川町	新川口支線・新川町～新川口0.6km－S30.2.1廃止、新川町の構内側線扱に（S52.5.25廃止）
三河	大浜港（碧南）	大浜口支線・大浜港～大浜口0.4km－S21.8.1廃止
三河	碧南（玉津浦）	蜆川側線（大浜臨港線運送専用線）通称:玉津浦臨港線。伊勢湾台風で被災しS34.12.3廃止も、一部が大浜三鱗側線としてS43.4.1まで残存
八百津	兼山	日本発送電専用線－兼山ダム建設用でダム完成（S18）に伴い廃止
八百津	八百津	丸山水力専用鉄道－丸山ダム建設用・八百津～丸山発電所4.1km、ダム完成（S29）に伴い廃止
各務原	三柿野	駐留軍側線　S33駐留軍撤退により廃止
尾西	佐屋	砂山側線　S20年代に廃止
谷汲	北野畑	岐阜セメント専用側線。工場閉鎖に伴い廃止（S15.9.16廃止）
岡崎市内	岡崎殿橋	戸崎側線　戸崎町～日清紡工場間の側線（S37.6.11廃止）

（10）名鉄資料館に展示されていた貨物輸送関係資料

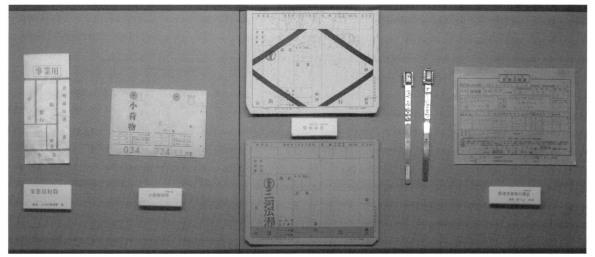

左から、事業用封筒（貨物通知書）、小荷物切符、貨車車票（着駅・発駅・積荷などを記載して貨車の側面に差し込む）、封印バンド（積込後、入口扉を封印）、貨物引換証（荷送人の請求により運送人が作成。昭和40年発行の引換証に鉄道省（昭和18年以前）の用紙を使用） ◎名鉄資料館、2015（平成27）年11月撮影

（11）岳南鉄道→名鉄の甲種輸送に使われた貨車車票

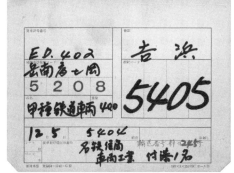  

岳南鉄道の機関車ED402を、名鉄（名鉄住商）鳴海工場で整備するため、岳南富士岡から鳴海へ甲種輸送したときの車票。1976（昭和51）年頃と思われる。鳴海駅の貨物扱い廃止後だったので、便宜上、着駅を刈谷（国鉄→名鉄の中継駅）の最寄りの吉浜とし、実際は刈谷から三河知立経由で鳴海へ輸送されたと思われる。（刈谷→三河知立47列車、三河知立→鳴海13列車）

名古屋鉄道の貨物輸送　参考資料

【一次資料】
鉄道（運輸省）文書　鉄道省・運輸省
愛知県統計書・愛知県統計年鑑　愛知県
岐阜県統計書　岐阜県
名古屋鉄道貨物課資料　名古屋鉄道
貨車一覧表　名古屋鉄道車両部　1949・1954・1964・1966年
貨車配置表　名古屋鉄道　1951（S26）〜1989（H1）年
車両竣工図　名古屋鉄道
各駅運輸成績表　名古屋鉄道
運輸統計要覧　名古屋鉄道
貨車略図 上・下　鉄道院　1911（M44）年

【刊本】
鉄道輸送からみた東海の産業　鉄道貨物協会名古屋支部　1954（S29）年3月
鉄道用語辞典　吹田鉄道教習所編　交友社　1955（S30）年
名古屋鉄道社史　名古屋鉄道　1961（S36）年5月
名古屋市電整備史　なごや市電整備史編集委員会　1974（S49）年2月
写真が語る名鉄80年　名古屋鉄道　1975（S50）年3月
私鉄電気機関車ガイドブック 東日本編　杉田肇　誠文堂新光社　1976（S51）年1月
国鉄終戦処理史　日本国有鉄道　大正出版　1981（S56）年9月
名古屋港史 港勢編・建設編　名古屋港史編集委員会　名古屋港管理組合　1990（H2）年3月
名古屋鉄道百年史　名古屋鉄道　1994（H6）年6月
佐屋町史　佐屋町史編纂委員会　1996（H8）年10月
木曽川風物紀要　河畔の里きたがた　田中三十郎　1996（H8）年9月
尾西線の100年　清水武・神田年浩　郷土出版社　1999（H11）年3月
名鉄岡崎市内線　藤井健　ネコ・パブリッシング　2003（H15）年7月
貨物鉄道百三十年史　上・中・下巻　日本貨物鉄道　2007（H19）年7月
日本の貨車－技術発達史－　貨車技術発達史編集委員会　日本鉄道車両工業会　2009（H21）年4月
名鉄岐阜線の電車 上・下巻　清水武　ネコ・パブリッシング　2010（H22）年5・6月
よみがえる貨物列車　吉岡心平　学研パブリッシング　2012（H24）年5月
熱田駅・熱田運河・常滑線の今昔　野村眞平　2013（H25）年3月
加藤製作所機関車図鑑　岡本憲之　イカロス出版　2014（H26）年11月
名鉄瀬戸線　清水武　ネコ・パブリッシング　2015（H27）年3月
貨物鉄道博物館公式ガイドブック　貨物鉄道博物館　2016（H28）年11月
貨物鉄道 再生、そして躍進　伊藤直彦　日本経済新聞出版社　2017（H29）年11月
ニチユ（日本輸送機）機関車図鑑　岡本憲之　イカロス出版　2018（H30）年1月
神谷傳兵衛（復刻版）　1921（T10）年初版本に資料・写真追加　坂本箕山・味岡源太郎　中日新聞社　2018（H30）年10月
名古屋鉄道車両史　上・下巻　清水 武・田中義人　アルファベータブックス　2019（H31・R1）年4・9月発行
佐屋路をゆく　石田泰弘　風媒社　2019（R1）年5月
無蓋車の本－国鉄制式無蓋車の系譜－　上・下巻　吉岡心平　ネコ・パブリッシング　2020（R2）8・9月
甚目寺飛行場（改訂版）　あま市教育委員会　2020（R2）年8月

【雑誌記事】
鐵道軌道統制会報　名古屋鐵道の糞尿輸送　伊藤兼次　鐵道軌道統制会　1944（S19）年2月号
鉄道ジャーナルNo.153　ローカル貨物とともに　鈴木雅晴　鉄道ジャーナル社　1979（S54）年11月号
鉄道ピクトリアルNo.128　私鉄車両めぐり第2分冊-豊橋鉄道　白井良和　鉄道図書刊行会　1962（S37）年3月臨時増刊号
鉄道ピクトリアルNo.193　特集・貨物鉄道（貨物の受託から配達まで）　鉄道図書刊行会　1967（S42）年2月号
鉄道ピクトリアルNo.246　名古屋鉄道の路線の主な変遷　清水 武　鉄道図書刊行会　1971（S46）年1月号
鉄道ピクトリアルNo.771　名古屋鉄道特集－名古屋鉄道の専用線入換機　清水 武　鉄道図書刊行会　2006（H18）年1月臨時増刊号
鉄道ピクトリアルNo.791〜792　知られざる名鉄電車史　名鉄資料館　鉄道図書刊行会　2007（H19）年7・8月号
鉄道ピクトリアルNo.816　名鉄の私有貨車　澤内一晃　鉄道図書刊行会　2009（H21）年3月臨時増刊号
鉄道ピクトリアルNo.848-849　岐阜地区の進駐軍輸送を探る　渡利正彦　鉄道図書刊行会　2011（H23）年5・6月号
鉄道ピクトリアルNo.864　名鉄沿線歴史ある風景・補遺　松永直幸　鉄道図書刊行会　2012（H24）年7月号
鉄道ファンNo.261　Refresh常滑線　清水 武　交友社　1983（S58）年1月号
鉄道ファンNo.538-539　知られざる名古屋港の名鉄貨物線　白井 昭　交友社　2006（H18）年2・3月号
レイルNo.41　三河鉄道の蒸気機関車　清水 武　エリエイ　2000（H12）年6月
レイルNo.70　DD12ものがたり　宮崎繁幹　エリエイ　2009（H21）年10月
Rail Magazine No.301　特別付録・機関車表　沖田祐作　ネコ・パブリッシング　2008（H20）年10月号
RAILFAN No.621　私鉄貨車研究要説2 私鉄貨車の法的規制　澤内一晃　鉄道友の会　2004（H16）年7月号
瀬戸市歴史民俗資料館研究紀要XII－瀬戸電気鉄道小史　伊藤 正　1995（H7）年
発車オーライ1世紀　地域と名鉄物語（貨物の終焉）　名鉄百年連載記事　中日新聞　1994（H6）年8月5日朝刊
郷土文化第70巻第2号　熱田駅の移転と熱田運河の開削・埋立　松永直幸　2016（H28）年2月

その他、鉄道ピクトリアル・鉄道ファン・鉄道ジャーナル・RM LIBRARY等の名鉄関連記事を参考にしました。

あとがき

　先に『名古屋鉄道車両史』を清水、田中でまとめたが、この時、貨物関係の写真や資料も多少集まった。調べてみると、私鉄の貨物輸送をまとめた書物が少ないことに気がついた。貨物関係の資料を本気を出して収集し始めたところ、多数の「白井昭氏写真コレクション」を発見し、多くの写真とエピソードに出会うことが出来た。そこでこれらの記録と聞き書きを取り入れ、本書をまとめることにした。

　この過程で貨車の写真も多数集まった。『名古屋鉄道車両史』は網羅的かつ体系的に解説した労作と評価され、島秀雄記念優秀著作賞の栄誉に預かったが、同書は入換機や貨車を省略している。そこで、この機会に補遺的に両者の解明を図ることとし、私鉄貨車の研究に定評のある澤内に車両解説を依頼した。

　しかし、ご承知のようにコロナ禍に巻き込まれ、遅々とした進行ではあったが、今回刊行の運びとなった。もちろん多くの先輩、仲間の協力のおかげであり、特に多くの写真を提供していただいた白井昭氏、名古屋レール・アーカイブス(NRA)には厚く御礼申し上げます。さらに望外の「巻頭言」を頂いた、日本貨物鉄道株式会社元社長・会長の伊藤直彦様に心から御礼申し上げます。

清水 武、田中義人、澤内一晃

道路併用橋の犬山橋を渡るデキ306の貨物列車。名鉄の貨物輸送末期の頃の写真。
◎犬山遊園〜新鵜沼、1983(昭和58)年11月、撮影：服部重敬

清水 武 (しみず たけし)

昭和15年岐阜県生まれ、慶應義塾大学法学部卒業。昭和39年に名古屋鉄道入社。鉄道部門に従事。
定年退職後は鉄道誌への寄稿、著書多数。慶應義塾大学鉄研三田会会員。鉄道友の会会員。

田中義人 (たなか よしひと)

昭和25年愛知県生まれ。名古屋大学工学部卒業。昭和49年に名古屋鉄道入社、主に車両関係の仕事を
担当。定年退職後の5年間は「名鉄資料館」勤務。名古屋レール・アーカイブス会員。鉄道友の会会員。

澤内一晃 (さわうち かずあき)

昭和47年東京都生まれ。立正大学大学院文学研究科史学専攻修了後、数館を経て神奈川県内の自治体
文書館に勤務。本務の傍らで鉄道誌への寄稿多数。鉄道友の会会員。

【写真・資料提供】氏名は50音順

名古屋レール・アーカイブス(略称:NRA)、名鉄資料館、津島市立図書館、国立公文書館
浅野 修、阿部一紀、市川 満、伊藤 昭、伊藤威信、井上大令、奥野利夫、神谷静雄、倉知満孝、
権田純朗、佐野嘉春、白井 昭、鈴木雅春、寺澤秀樹、所 正美、服部重敬、平野和幸、福島隆雄、
藤井 建、藤岡雄一、松永直幸、和久田康雄

【資料協力】

白井 昭、鈴木雅春、鉄道ジャーナル社

名古屋鉄道の貨物輸送

発行日 ···················· 2021年8月20日　第1刷　　※定価はカバーに表示してあります。
　　　　　　　　　　　　2021年9月3日　第2刷

著者 ······················ 清水 武、田中義人、澤内一晃

発行者 ···················· 高山和彦

発行所 ···················· 株式会社フォト・パブリッシング
　　　　　　　　　　　　〒161-0032　東京都新宿区中落合2-12-26
　　　　　　　　　　　　TEL.03-6914-0121　FAX.03-5955-8101

発売元 ···················· 株式会社メディアパル(共同出版者・流通責任者)
　　　　　　　　　　　　〒162-8710　東京都新宿区東五軒町6-24
　　　　　　　　　　　　TEL.03-5261-1171　FAX.03-3235-4645

デザイン・DTP ········ 柏倉栄治(装丁・本文とも)

印刷所 ···················· 株式会社シナノパブリッシング

ISBN978-4-8021-3270-1 C0026